"读原著·学原文·悟原理"丛书

《论犹太人问题》这样学

孙熙国 张梧 主编

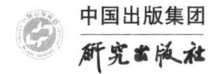

李洁 著

中国出版集团
研究出版社

图书在版编目（CIP）数据

《论犹太人问题》这样学 / 李洁著. -- 北京：研究出版社，2022.4
ISBN 978-7-5199-1227-7

Ⅰ.①论… Ⅱ.①李… Ⅲ.①《论犹太人问题》-马克思著作研究 Ⅳ.①A811.21

中国版本图书馆CIP数据核字(2022)第058421号

出 品 人：赵卜慧
出版统筹：张高里 丁 波
责任编辑：朱唯唯
助理编辑：何雨格

《论犹太人问题》这样学

LUN YOUTAIREN WENTI ZHEYANGXUE

李洁 著

研究出版社 出版发行

（100006 北京市东城区灯市口大街100号华腾商务楼）
北京中科印刷有限公司印刷 新华书店经销
2022年4月第1版 2023年1月第3次印刷
开本：787毫米×1092毫米 1/32 印张：4
字数：53千字
ISBN 978-7-5199-1227-7 定价：29.80元
电话（010）64217619 64217612（发行部）

版权所有·侵权必究
凡购买本社图书，如有印制质量问题，我社负责调换。

"读原著·学原文·悟原理"
丛书编委会

编委会主任：

孙熙国　孙蚌珠　孙代尧　张　梧

编委（以姓氏笔画为序）：

王　蔚　王继华　田　曦　任　远

孙代尧　孙蚌珠　孙熙国　朱　红

朱正平　吴　波　李　洁　何　娟

汪　越　张　梧　张　晶　张　懿

余志利　张艳萍　易佳乐　房静雅

金德楠　侯春兰　姚景谦　梅沙白

曹金龙　韩致宁

编委会主任

孙熙国,北京大学马克思主义学院教授、博导,北京大学习近平新时代中国特色社会主义思想研究院常务副院长,北京大学学位委员会马克思主义理论学科分会主席,国家"万人计划"教学名师,中央马克思主义理论研究和建设工程课题组首席专家,国务院学位委员会马克思主义理论学科评议组成员,教育部马克思主义理论类专业教学指导委员会副主任委员。兼任国际易学联合会会长,中国历史唯物主义学会副会长,北京市高教学会马克思主义原理研究会会长。

在《哲学研究》等刊物发表学术论文百余篇,著有《先秦哲学的意蕴》《马克思主义基本原理前沿问题研究》(第一作者)等,主编高校哲学专业统一使用重点教材《中国哲学史》,主编全国高中生统用教科书《思想政治·生活与哲学》《思想政治·哲学与文化》,获首届全国优秀教材一等奖。主持"马藏早期文献与马克思主义在中国的早期传播""马克思主义基本原理的学科对象与理论体系"等国家哲学社会科学重大项目和重点项目。

孙蚌珠，经济学博士，教授。现任北京大学马克思主义学院党委书记、习近平新时代中国特色社会主义研究院副院长。教育部高等学校思想政治理论课教学指导委员会委员总教指委主任委员、"形势与政策"和"当代世界经济和政治"分指导委员会主任委员。马克思主义研究和建设工程首席专家，国家义务教育教科书"道德与法治"编委会主任，国家统编高中思想政治教材《经济与社会》主编、国家中等职业学校思想政治教材编委会主任。中国政治经济学学会副会长、中国《资本论》研究会副会长。主要从事政治经济学、中国特色社会主义经济理论与实践研究，获得过北京市科学技术进步二等奖，是全国首届百名优秀"两课"教师、全国思想政治理论课影响力标兵人物、北京市高等学校教师名师、国家"万人计划"教学名师、享受国务院政府特殊津贴专家。

孙代尧，北京大学法学学士、硕士和博士。现任北京大学博雅特聘教授、社会科学学部学术委员和马克思主义学院学术委员会主任,《北京大学学报(哲学社会科学版)》主编。曾任马克思主义学院副院长、学位委员会主席、教育部高校思政课教学指导委员会委员。

先后入选国务院政府特殊津贴专家、中宣部全国文化名家暨"四个一批"人才、国家"万人计划"第一批哲学社会科学领军人才;担任中央马克思主义理论研究和建设工程专家、中国科学社会主义学会副会长等。

主要从事马克思主义理论、社会主义历史和理论等领域的教学和研究。担任教育部哲学社会科学研究重大课题攻关项目、国家社科基金重大项目首席专家。科研成果曾获北京市哲学社会科学优秀成果一等奖等多个奖项。

张梧,哲学博士。现为北京大学哲学系助理教授、研究员、博士生导师,中国人学学会秘书长、北京大学中国特色社会主义理论体系研究中心研究员、济宁干部政德学院"尼山学者"。主要研究方向是马克思主义哲学史、社会发展理论等。曾著有《马克思恩格斯〈德意志意识形态〉研究读本》《社会发展的全球审视》等学术专著,在《哲学研究》等核心期刊发表论文30余篇。

代序

马克思主义可以这样学

马克思主义应该怎样学？马克思主义经典著作应该怎样读？北京大学马克思主义学院以博士生的"马克思主义经典著作研读"课为抓手，进行了积极的探索，走出了一条"读原著、学原文、悟原理"的新路子，逐步形成了马克思主义理论专业人才培养的"北大模式"。

北京大学具有学习、研究和传播马克思主义的光荣传统。北京大学是中国马克思主义的发祥地，是中国共产党最早的活动基地，是中国马克思主义理论教育的诞生地。1920年，李大钊在北大开设了"唯物史观""工人的国际运动与社会主义的将来""社会主义与社会运动"等马克思主义理论课程和专题讲座，带领学生阅读马克思主义经典著作，公开讲授和宣传马克思主义。李大钊在北大所做的这些工作，与拉布里奥拉在意大利罗马大学、布哈林在苏俄红色教授学院、河上肇在日本京都帝国大学进行的马克思主义理论教学和研究工作，共同开启了马克思主义理论进入高校课堂的先河。

一百多年过去了，一代代的北大人始终把学习研究和宣传马克思主义作为自己的崇高使命，始终把马克思主义经典著作的学习研读作为教育教学的一项重要内容。2014年5月4日，习近平在北京大学师生座谈会上的讲话中指出，北京大学是新文化运动的中心和五四运动的策源地，是这段光荣历史的见证者。长期以来，北京大学广大师生始终与祖国和人民共命运、与时代和社会同前进，在各条战线上为我国革命、建设、改革事业作出了重要贡献。2018年5月2日，习近平总书记在北京大学考察时指出，北京大学是中国最早传播和研究马克思主义的地方。中国共产党的主要创始人和一些早期著名活动家，正是在北大工作或学习期间开始阅读马克思主义著作、传播马克思主义的，并推动了中国共产党的建立。这是北大的骄傲，也是北大的光荣。由此我们可以看到，北大具有学习研究和传播马克思主义的光荣传统，具有与祖国和人民共命运、与时代和社会同前进的光荣传统，具有爱国、进步、民主、科学的光荣传统。因此，如果要讲北大传统，首先就是马克思主义的传统；如果要讲北大精神，首先就是马克思主义的精神。北大学习研究和传播马克思主义的精神和传统始终与马克思主义经典著作的研读和学习紧紧结合在一起。

2018年5月2日，习近平总书记视察北大马克思主义学院时指出："高校马克思主义学院就是要坚持'马院姓马，在马言马'的鲜明导向和办学原则，为巩固马克思主义在意识形态领域的指导地位，推动马克思主义进校园、进课堂、进学生头脑，发挥应有作用。"在习近平总书记重要讲话精神的指导下，北京大学马克思主义学院逐步确立了以"埋首经典，关注现实"为基本理念、以马克思主义经典文献学习研读为重要内容的马克思主义卓越人才培养的"北大模式"。其中加强和完善"马克思主义经典著作研读"课程，并对研究生、特别是博士研究生进行马克思主义经典著作的中期考核成为北大博士生培养的一个重要环节。

北京大学马克思主义学院的学生究竟怎样学习马克思主义基本原理？怎样阅读马克思主义经典著作呢？

习近平总书记指出："学习理论最有效的办法是

读原著、学原文、悟原理。"要学好马克思主义理论，就必须要读马克思主义经典作家的原著，学马克思主义经典作家的原文，悟马克思主义基本原理。一句话，就是必须要学好马克思主义经典著作。"马克思主义经典著作"这门课一直是我国高校马克思主义学院研究生的核心课程。北大给硕士生开设的马克思主义经典著作课叫"马克思主义经典著作导读"，给博士生开设的马克思主义经典著作课叫"马克思主义经典著作研读"。我负责博士生的"马克思主义经典著作研读"课始自2010年秋季。一开始是我一个人讲，后来孙蚌珠、孙代尧老师加入进来，再后来马克思主义基本原理所、马克思主义发展史所的老师们也陆续加入到了本课程的教学和研究工作中。博士生的"马克思主义经典著作研读"课程的学习时间是一年，学习阅读的文本有30多篇。北大学习研读经典文本的基本方式是在学习某一文本之前，先由学生来做文献综述，通过文献综述把这一文本的文献概况、主要内容、学界争论的焦点问题、学者研究的基本方法和形成的基本范式梳理概括出来。呈现给读者的这套《读原著、学原文、悟原理》丛书，就是北京大学马克思主义学院2016级博士生在"马克思主义经典著作研读"课程学习过程中，在授课老师指导下围绕所学的马克思恩格斯经典文本完成的成果结集。授课教师从2016级博士生的研读成果中精选出了优秀的研究成果，经反复修改完善，以"读原著、学原文、悟原理"作为丛书书名出版。

本丛书收录了从马克思高中毕业撰写的三篇作文到恩格斯晚年撰写的《路德维希·费尔巴哈和德国古典哲学的终结》等代表性著述20余篇。这20篇著作是北京大学马克思主义学院马克思主义理论一级学科各专业和政治经济学、科学社会主义与国际共产主义运动专业博士生必修课"马克思主义经典著作研读"的必学书目。丛书作者对这20余篇著作的研究状况和研究内容的梳理、概括和总结，基本上反映了北大"马克思主义经典著作研读"课程的主要内容，展现了北大马克思主义学院博士生学习研读马克思主义经典著作的基本情况，是北大博士生阅读马克思主义经典文本、学习马克思主义基本原理的一个缩影。在某种意义上说，这些成果体现了北大马克思主义学院博士生学习马克思主义经典著作的基本方式。因此，我们可以自豪地说，马克思主义经典文本可以"这样读"，马克思主义基本原理可以"这样学"。

本书对马克思恩格斯每一时期文本的介绍和阐释主要是围绕以下四个方面的内容展开的。一是对马克思恩格斯这一文本的写作、出版和传播等主要情况的介绍和说明，二是对这一文本的主要内容的介绍和提炼，三是对国内外学者关于这一文本研究的基本方法、形成的基本范式和切入点的概括总结，四是对国内外学者在这一文本研究过程中所涉及到的一些具有争议性的问题或焦点问题的梳理和辨析。在每一章的后面，作者又较为详细地列出了该文本研究的主要参考文献，也就是关于每一个文本的代表性研究成果。本书力图从以上四个方面入手，尽可能客观全面地展示国内外学者关于马克思恩格斯这些经典文本的研究状况、研究结论和研究方法，以期对马克思主义学院师生学习、研读马克思主义经典著作提供参考和借鉴。

马克思主义理论是我们做好一切工作的看家本领，也是领导干部必须普遍掌握的工作制胜的看家本领。我们期望这套20本的"读原著、学原文、悟原理"丛书能够在这方面给大家提供一些积极的启示和有益的帮助。

孙熙国

2022.2

目 录 CONTENTS

一、文献写作概况   001

二、文献内容概要   002

三、研究范式   012

四、焦点问题   015

一、文献写作概况

犹太人问题,有其深刻的历史和现实背景。在马克思生活的时代,犹太人问题就是犹太人如何追求自由、获得解放的问题,或者说是在实践中争取平等权利的问题。同鲍威尔不一样,马克思把犹太人问题理解为"当代的普遍问题",并有一套截然不同的理解方式和分析路径,由此也得出了与鲍威尔截然不同的理论。

19世纪40年代,普鲁士王国是一个封建君主制的国家,在宗教上坚持"正统教派的虔诚"。1843年,鲍威尔先后发表了《犹太人问题》和《现代犹太人和基督徒获得自由的能力》。按照鲍威尔的思维逻辑,犹太人问题成了宗教问题,进而又成了不以宗教为前提的政治解放问题,因此,为了"促进自由正义的事业",他要求在政治上批判基督教国家,在意识形态上批判作为自我意识异化的宗教。之后,马克思在巴黎完成了《论犹太人问题》，并与鲍威尔展开了公开论战。通过批驳鲍威尔把犹太人解放归结为宗教解放，而又把政治解放同人类解放混淆起来的观点，马克思发表了国家公民和社会成员分裂决定政治国家同市民社会分离的观点，首次论述了政治解放和人类解放的关系。他肯定政治解放是一大进步，但其限度显而易见。对马克思而言，政治解放只是确认了原子式的利己主义个人，现代国家也只不过是一种人的生活的异化形式。人类解放不可能在青年黑格尔派的理论基础上得到回答。而实现真正的人的解放形式应是抛弃现代国家对社会问题的解决方式。只有从根本上颠覆资本主义社会结构，并使国家和社会、个人和集体不再表现为异化，而表现为统一的整体，才能使犹太人和全人类得到根本解放。

二、文献内容概要

在《论犹太人问题》中，马克思与鲍威尔进行了公开论战。在这部著作中，可以看到马克思和鲍威尔在很多观点上都存在着分歧，比如犹太人有没有资格获得政治解放，应如何看待政治解放，如何看待犹太教、基督教、宗教和如何理解"当代的普遍问题",等等。也正是在批判鲍威尔观点的基础上,马克思提出并充分阐释了自己的观点。

1. 关于犹太人是否有资格获得政治解放

这个问题是马克思在《论犹太人问题》中与鲍威尔展开争论的直接问题。在文章的一开始,马克思就直接指出德国的犹太人渴望政治解放。但鲍威尔认为德国的犹太人没有资格获得政治解放,主要有以下六个原因:

(1)在德国,没有人获得政治解放,犹太人也不应例外。

(2)犹太人若不顾德国的政治解放而只考虑谋取自身的解放,这是一种利己主义的行为和做法。

(3)犹太人谋取的解放,应是整个德国的政治解放,而不仅是他们自身的解放。

(4)"德国的犹太人如果要求享有与德国基督教的臣民同样的平等权利,就是对基督教国家采取了无批判的立场,因为基督教国家所能给予臣民的平等权利是一种有缺陷的权利,这样的一种权利,犹太人本应该否弃,而犹太人却要去争取,却要对基督教国家采取无批判的态度。"①

（5）在鲍威尔看来，德国本身就是一个充满压迫和奴役的国家，所以犹太人所受的压迫和奴役也没有什么特殊。

（6）如果犹太人在不放弃犹太教的前提下坚持犹太人的特权，那么，基督教也完全可以保持偏见，不让犹太人享有平等的权利。

总之，鲍威尔意在告诉德国的所有犹太人：德国本身就是一个充满压迫和奴役的国家，没有人是可以完全自由的。若你要追求自由，就必须首先为国家的政治解放而奋斗。如果犹太人仅仅只为自己的解放奋斗而不顾国家的政治解放，那么犹太人就是利己主义的人。

事实上，马克思很认可鲍威尔的很多分析和判断。比如，在对基督教国家的分析上，马克思就认为鲍威尔"做得大胆、尖锐、机智、透彻，而且文笔贴切、洗练和雄健有力"。②但是，马克思硬是从鲍威尔这看似合情合理的诸多分析和论证中找出了

---

① 林进平编著：《马克思〈论犹太人问题〉研究读本》，中央编译出版社2016年版，第142页。
② 《马克思恩格斯文集》第1卷，人民出版社2009年版，第23页。

诸多破绽,并通过重新梳理三对关系来开展批驳,做出了相反的论证。这三对关系分别是:政治国家与宗教,乃至市民社会的关系;利己主义与国家、公民权之间的关系;政治解放与人的解放之间的关系。

关于第一对关系,马克思主要是想通过对其的梳理来质疑犹太人是否必须首先放弃自己的宗教信仰,才能获得政治解放?对鲍威尔而言,他"所抱持的是一种否定宗教的激进理念,他不仅要求宗教必须从人们的公共生活中退出,而且认为作为一种真正的人的生活是不应该信奉宗教,而应该让宗教'消亡',因宗教是人的异化"[1]。在马克思看来,宗教的确是人的异化,但宗教不会自行消亡,宗教之所以存在就恰恰说明了其存在的缘由,即政治国家的缺陷。[2] 若宗教退出政治生活,那其就成为人们私人领域的事情,属于市民社会的要素。"既是市民社会的要素,那它就如私有财产、出身、等级、文化程度、职业等市民社会要素一样,反而是政治

---

[1] 林进平编著:《马克思〈论犹太人问题〉研究读本》,中央编译出版社2016年版,第143页。
[2] 《马克思恩格斯文集》第1卷,人民出版社2009年版,第34页。

国家赖以存在的前提。"① 此时，马克思娴熟地以市民社会决定国家的结论为基础，认为既然是市民社会决定政治国家，那就没缘由让犹太人必须以放弃其宗教信仰为前提来获得政治解放。

通过对第二对关系的梳理，马克思质问鲍威尔，"利己主义"是否是犹太人获取人权的障碍？鲍威尔认为，"利己主义"是犹太人的一种"污垢"，犹太人只有放弃"利己主义"，才能成为真正的人，才能追求并实现政治解放。在马克思看来，"利己主义"的确是犹太人的一种污垢，但这不仅仅是犹太人而是现代社会的"污垢"，具有普遍性。

最为巧妙的是，"在鲍威尔认为犹太人的'利己主义'与政治解放、公民权利存在对立的地方，马克思却通过对政治解放与市民社会的关系的分析，对法国人权宣言和美国人权条文的分析，得出了一个完全不同于鲍威尔的结论：现代的政治国家恰恰是建立在充满利己主义精神的社会的基础之上，人权在其实质上就是利己主义的人的权利，或人权生

---

① 林进平编著：《马克思〈论犹太人问题〉研究读本》，中央编译出版社2016年版，第144页。

来就是'利己主义'的"①。在一系列论证后,马克思得出了这样的论断:犹太人要求政治解放,要求实现其公民权乃至人权,就是要求一种天然地属于犹太人自己的权利,因为这样的权利从本质上而言就是属于"利己主义者"的权利,而犹太人本身就是"利己主义者"。

关于第三对关系,即政治解放与人的解放之间的关系,马克思通过对其的梳理,主要是想论证政治解放到底是人的解放的完成,还是仅仅是人的解放的一个阶段?在一系列分析后,马克思认为,政治解放虽然实现了很大的进步,但它存在缺陷,和人类解放有着本质的区别。而鲍威尔却只看到了政治解放的积极作用,并将其看成与犹太人相冲突的东西。在马克思看来,"正是鲍威尔对政治解放、政治国家的缺陷的熟视无睹,才将其视为人的解放的完成——似乎人只能生活在政治国家之中"②。鲍威尔"批判的只是'基督教国家',而不是'国家

---

① 林进平编著:《马克思〈论犹太人问题〉研究读本》,中央编译出版社2016年版,第144页。
② 林进平编著:《马克思〈论犹太人问题〉研究读本》,中央编译出版社2016年版,第147页。

本身',他没有探讨政治解放对人的解放的关系,因此,他提供的条件只能表明他毫无批判地把政治解放和普遍的人的解放混为一谈"①。

2.关于政治解放的问题

马克思在《神圣家族》中提到了理解"政治解放"是理解犹太人问题的关键。②事实的确如此,只有真正理解了马克思的政治解放,才能理解马克思与鲍威尔的分歧所在。关于马克思的政治解放,可大致分为以下三点来进行进一步的解读与分析:

第一,政治解放是实现宗教从公共领域到私人领域的解放,"完备的基督教国家是实现了政治解放的国家"③。鲍威尔对基督教国家进行了批判,他

---

① 《马克思恩格斯文集》第1卷,人民出版社2009年版,第25—26页。
② "在许多国家,犹太人(如同基督教一样)在政治上已经获得了完全的解放。但是,犹太人和基督徒还远远没有获得人的意义上的解放。可见,政治解放和人的解放之间必定是存在差别的。所以,必须对政治解放的实质,也就是对发达的现代国家的实质进行研究。而对那些还不能在政治上解放犹太人的国家,也应该对照完备的政治国家来加以衡量,指出它们是不发达的国家。这就是研究犹太人的'政治解放'这一问题所应依据的观点,而《德法年鉴》所依据的就是这一点。"参见《马克思恩格斯文集》第1卷,人民出版社2009年版,第309—310页。
③ 林进平编著:《马克思〈论犹太人问题〉研究读本》,中央编译出版社2016年版,第152页。

认为"基督教国家是对国家的背弃，而这种背弃是利用国家形式实现的"①。且"人民只是一种非人民，他们已经不再有自己的意志，他们的真实存在体现于他们所隶属的首脑……这些群众本身分成许多偶然形成并确定的特殊集团，这些特殊集团是按各自利益、特殊爱好和偏见区分的，并且获准享有彼此不相往来的特权，等等（第56页）"②。

马克思对鲍威尔的分析和批判给予了充分肯定，但他同时也认为鲍威尔所说的基督教国家并不是真正的基督教国家，而只是"所谓基督教国家"，即"非国家，因为通过现实的人的创作所实现的，并不是作为宗教的基督教，而只是基督教的人的背景"③。而且，马克思并不满意鲍威尔对"所谓基督教国家"的宗教批判。在他看来，实现了政治解放的基督教国家也依然存在宗教，即："摆脱了宗教的政治解放让宗教继续存在，虽然不是享有特权的宗教。……国家从宗教中解放出来并不等于现实

---

① 《马克思恩格斯文集》第1卷，人民出版社2009年版，第34页。
② 《马克思恩格斯文集》第1卷，人民出版社2009年版，第35页。
③ 《马克思恩格斯文集》第1卷，人民出版社2009年版，第33页。

的人从宗教中解放出来。"①而且，实现了政治解放的国家不仅存在宗教，而且需要宗教的存在，"因为实现了政治解放的国家依然是一种缺陷型存在，这种缺陷型存在恰恰通过它依然存在宗教给昭示出来"②。

第二，政治解放也是市民社会从政治国家中获得解放。马克思认为，在资产阶级革命之前，市民社会与政治国家混为一体。就政治解放相对于市民社会而言，它消灭了市民社会的政治性质，从而"把市民社会分割成简单的组成部分：一方面是个体，另一方面是构成这些个体的生活内容和市民地位的物质要素和精神要素"③。"特定的生活活动和特定的生活地位降低到只具有个体意义。它们已经不再构成个体对国家整体的普遍关系。"④而市民社会只关注现实的物质生活，公共性和共同的政治关怀成为政治国家的事务。因此，"国家的唯心主义的完成同时就是市民社会的唯物主义的完成。摆

---

① 《马克思恩格斯文集》第1卷，人民出版社2009年版，第37—38页。
② 林进平编著：《马克思〈论犹太人问题〉研究读本》，中央编译出版社2016年版，第156页。
③ 《马克思恩格斯文集》第1卷，人民出版社2009年版，第44页。
④ 《马克思恩格斯文集》第1卷，人民出版社2009年版，第45页。

脱政治桎梏同时也就是摆脱束缚住市民社会利己精神的枷锁。政治解放同时也是市民社会从政治解放中得到解放,甚至是从一种普遍内容的假象中得到解放"[1]。

第三,政治解放只是人的解放的一个阶段和环节。关于鲍威尔所积极主张的政治解放,马克思承认其是一大进步,也是迄今为止的世界制度内,"人的解放的最后形式"[2]。但其只是人的解放的一个阶段,并不是完善的人的解放的形式,还存在很大的局限性,它只是使政治国家实现了自由,而不管个人是否也获得了自由。且其是以政治手段去实现人的解放,即实现人在公共领域方面的自由,而不是在私人领域方面的自由。因此,"如果人的解放停留于政治生活领域,或把人的解放置换为政治解放,那人的解放就无法最终实现"[3]。对此,马克思认为,必须意识到政治解放的局限性,并对其进行批判。

---

[1] 《马克思恩格斯文集》第1卷,人民出版社2009年版,第45页。
[2] 《马克思恩格斯文集》第1卷,人民出版社2009年版,第41页。
[3] 林进平编著:《马克思〈论犹太人问题〉研究读本》,中央编译出版社2016年版,第161页。

三、研究范式

总的来说,《论犹太人问题》的研究范式可以归结为三类:一是以列宁、梅林、彼·费多谢耶夫等为代表的苏联教科书体系的解读模式;二是西方学者主要从宗教学角度对文本进行解读的模式;三是以陈家琪、韩立新、李彬彬等为代表的文本学的解读模式。

梅林作为一名坚定的马克思主义者,在他的主要著作中,凡是涉及马克思主义的相关论述,基本上采用的都是"唯物主义"或"历史唯物主义"这一术语,对于青年马克思的思想也毫不例外。他在著作《马克思传》中认为,"马克思在《德法年鉴》上还在耕耘着哲学的田地;但是在他用批判的犁开出来的陇沟里,唯物史观的幼芽已经生长起来,它们在法兰西文化的阳光下很快就开花抽穗了"[①]。列宁深受梅林观点的影响,因为在那个信息不发达、研究资料又极度匮乏的年代,列宁主要是通过阅读梅林的作品来了解马克思主义的。列宁本身不仅仅

---

① [英]梅林:《马克思传》上册,樊集译,生活·读书·新知三联书店1965年版,第96页。

是一个理论研究者，更是一个革命领导者，出于革命工作的需要，列宁对马克思在《德法年鉴》时期的《论犹太人问题》和《〈黑格尔法哲学批判〉导言》给了高度评价，认为马克思在这个时期已经实现了"从唯心主义向唯物主义、从革命民主主义向共产主义的转变"①。列宁的"两个转变论"影响了苏联学界对马克思早期思想的研究模式，形成了固有的苏联教科书体系的解读模式，以拉宾、彼·费多谢耶夫为代表。

一般说来，探讨马克思宗教观的学者，大部分都会涉及马克思在《论犹太人问题》中所表述的宗教思想。再加上西方特有的历史文化因素，所以西方学者对于《论犹太人问题》中马克思的宗教观表现出了极大的热情与兴趣，以特雷弗·林、艾伦·布坎南等学者为代表人物。但是，目前西方学术界开始突破传统强势的宗教学模式，开始逐渐突出马克思早期政治批判的思想主题。比较具有代表性的就是牛津大学教授大卫·列奥波尔德在2007年出版的《青年马克思》。列奥波尔德认为，"马克

---

① 《列宁全集》第26卷，人民出版社1988年版，第83页。

思从批判鲍威尔的宗教观入手来阐释政治解放的成就和缺陷"①。他从两个方面批判了鲍威尔的宗教解放观,一是自由和宗教信仰是不冲突的,二是基督教国家在某种程度上就是现代民主国家。另外,在马克思看来,国家是保护宗教和个人主义的。所以,鲍威尔的宗教解放观是站不住脚的。此后作者进一步分析道,马克思将政治解放和宗教批判区分开来,并通过政治解放重构了鲍威尔的问题。总之,作者在现代政治国家的视域下,把握住了政治解放和人类解放的统一,突出了政治批判的主题。

中华人民共和国成立之初,由于特定的历史因素,我国学术界对《论犹太人问题》文本的研究深受苏联教科书体系模式的影响,以陈先达、萧灼基等学者为代表。这种情况一直持续到改革开放以后,国内学术界开始对苏联教科书体系模式进行反思与批判,从而大大推动了马克思哲学体系的当代重建过程。目前,我国学者主要注重回到马克思文本本身,结合当时特定的历史环境来探究马克思思想,代表人物有鲁克俭、陈家琪、韩立新、李彬彬

---

① David Leopold, "The Yong Karl Marx", *Cambridge: Cambridge University Press*, 2007, S. 180.

等。目前，我国学界关于《论犹太人问题》的研究成果已有200多篇，研究角度呈现多样化，有经济学、政治哲学、法哲学、宗教学等角度。

四、焦点问题

目前学界关于《论犹太人问题》的焦点问题主要有七个，分别是：马克思与反犹主义的关系、马克思对现代性的批判、马克思的市民社会观、马克思的国家观、马克思的民族宗教观、人类解放和马克思的人权思想。

1. 马克思与反犹主义的关系

关于犹太人问题，在"二战"之前还没有进入学术界的视野范围。直到"二战"时，法西斯对犹太人的残酷迫害使得犹太人问题越发受到国际学术界的重视。再加上马克思生来是犹太人，虽然在其作品中并没有表现出太过明显的犹太人自我意识的痕迹，但马克思对犹太人的态度依然是值得研究的问题之一。尤其是专门针对犹太人问题而创作的《论犹太人问题》，就更值得学者们对此进行深入研究。而且自《论犹太人问题》发表以来，青年马克思与反犹主义的关系也一直是国内外学术界争论不休的话题。目前关于马克思是否具有反犹主义倾向的问题，学者们的态度大致可以分为四类：强烈肯定其是反犹者、否定其是反犹者、游走在肯定与否定之间的"中间派"以及无所谓反犹或亲犹，这个问题对马克思来说几乎是一个假问题。

认为马克思是反犹主义者的学者并不在少数，影响也比较大，有埃德温·科恩、埃德蒙·西尔伯纳、S.N. 布尔加科夫、达戈贝特·D. 鲁内斯、托马斯·G. 马萨里克等人。他们通过对马克思作品的综合分析，认为马克思是一位反犹主义者，其中以埃德蒙·西尔伯纳的观点最具有影响力。对此，李彬彬在《青年马克思与反犹主义的思想关系新探——重新思考〈论犹太人问题〉与反犹主义的关系》中做了比较全面的总结。埃德蒙德·西尔伯纳于1949年在《犹太历史》第11期上发表了《马克思是个典型的犹太主义者吗?》，力图证明马克思是个典型的反犹主义者。[①] 西尔伯纳首先考察了马克思的家谱，认为马克思一家在改信基督教后经济上更加有保障，也减少了很多困难，所以马克思在全新的

---

① Silberner E. "Was Marx an Anti-Semite", *Historia Judaica*, Vol.11, 1949.

环境中接受教育后，也接受了新的信仰，对犹太人再也没有任何情感。其次西尔伯纳认为马克思曾经在致卢格的信中说过要为犹太人请愿，但据他的考证，"马克思很有可能没写这份请愿书，就算他写了而请愿书之所以没能流传下来，也是因为当时的犹太人认为这份请愿书将带来的弊远大于利"①，所以这一切更加暴露了马克思对犹太人的敌意。最后西尔伯纳认为《论犹太人问题》的最终结论在理论上完全站不住脚。他的评论是："这是一个多世纪以前就提出的福音，它本应把犹太人问题纳入新的轨道。按照梅林的说法，这是一项'根本研究'，它不需要任何评论，任何评论都只会弱化它。在梅林看来，马克思这几页的研究比从那以后出现的所有有关犹太人问题的研究都更有价值。不过，伟大导师的另一些资质不错的研究者，例如卡尔·考茨基（《人种和犹太教》）在处理犹太人问题时甚至连《论犹太人问题》都没提一下。这一方面是因为马克思对犹太人的看法空洞无物，一方面是因为这些

---

① Silberner E. "Was Marx an Anti-Semite", *Historia Judaica*, Vol.11, 1949.

看法没有解释力。"① 所以他认为马克思必须被看作完全的反犹主义者。

有很多学者支持西尔伯纳的观点,他们坚定地认为马克思是一个反犹主义者,只是这些学者的分析角度各有差异。迈克尔·麦丹、什洛莫·阿维内里等人认为因为马克思主义、社会主义与宗教是对立的,所以马克思的反犹主义是明摆着的事实。在《马克思论犹太人问题:一个元批判分析》一文中,迈克尔·麦丹明确提道:"即便是对马克思《论犹太人问题》这篇文章或《神圣家族》相关内容最为认可的读者,也不可能不会对马克思关于犹太教的严厉评论感到震惊。当这些评论被放置于马克思在他著作的其他部分对犹太人所不得不说的语境中来思考时,很难不得出,马克思有着深深的反犹偏见"。②

还有一部分学者认为马克思具有一种犹太知识分子的"自我憎恨",代表人物有 H.L. 戈尔德·施

---

① Silberner E. "Was Marx an Anti-Semite", *Historia Judaica*, Vol.11,1949.
② Michael Maidan, "Marx on the Jewish Question: A Meta-Critical Analysis", *Studies in Soviet Thought*, Vol.33, No.1(Jan.1987), pp.27-41.

密特、诺曼·所罗门等人。"原因是欧洲浓厚的反犹主义所产生的对犹太人的歧视在犹太人身上得到内化并使他们完全陷入'自我憎恨'的感觉中。"①如在《当代学术入门：犹太教》中，诺曼·所罗门认为马克思的《论犹太人问题》就"非常典型地反映了犹太知识分子对其犹太人身份的自我憎恨。他认为犹太教既不是宗教也不是某种身份资格，而是一种获取的愿望；对犹太人的这种定义安全忽略了中欧、西欧广大犹太无产者。他还认为基督教是从犹太教中衍生出来的，两者的对立实际上是自产阶层的资本对立。显然，他是在逃避自己的犹太身份（他在六岁时已经实施过洗礼，他的父母多出自拉比后裔），'认同'费尔巴哈的反犹背景。坚持他所采取的犹太主义理念，并在其社会主义宇宙神论的犹太特殊性中寻求庇护"②。不同于所罗门侧重于社会方面的解释，H.L.戈尔德·施密特侧重于马克思的家庭并结合社会来解释马克思的"自我憎

---

① 林进平编著：《马克思〈论犹太人问题〉研究读本》，中央编译出版社2016年版，第88页。
② ［英］诺曼·所罗门：《当代学术入门：犹太教》，赵晓燕译，辽宁教育出版社1998年版，第12页。

恨"的"反犹情结"。在施密特看来,马克思"总是意识到自己的犹太身世,这种身世是他作为犹太人的明证。只要当这个人感受到他被无法摆脱的过去所困扰并因此而进行反叛时,自我怨恨是无法避免的"①。

除以上学者外,当代英国著名学者希姆·马可比也认为马克思是一个早期的反犹主义者。犹太学者尤里乌斯·卡勒巴赫更是写出著作《卡尔·马克思与对犹太教的激进批判》,试图将马克思与希特勒捆绑在一起,从而将反犹主义的标签死死地贴在马克思的身上。此外,本·沙逊、爱德华·弗兰瑞、伯纳德·里维斯等学者也都认为马克思是一名坚定的反犹主义者。

否定马克思是反犹主义者的学者从不同的分析角度出发,对自己的观点进行了论证分析。部分学者如 E.费洛姆、赫尔穆特·赫希等人认为,马克思是反犹主义者与现实情况不符,马克思的批判对象不仅仅是犹太教,而是包括基督教在内的所有宗教。在《卡尔·马克思的早期作品集》的序言中,

---

① 张倩红著:《困顿与再生:犹太文化的现代化》,江苏人民出版社2003年版,第184—185页。

E.费洛姆曾指出,"马克思早期有关犹太人问题的论文经常被人们歪曲和故意误读,它被宣扬为希特勒和斯大林的反犹主义源泉,其目的是要将马克思故意与一种不名誉的迫害人的教义联系起来",① "是一种冷战的宣传"。② 赫尔穆特·赫西在《能言善辩的马克思:析"率直的反犹太主义"》中从文献学、历史学方面对西尔伯纳的观点进行了针对性的反驳,认为在马克思追求犹太人解放的行为中,起决定作用的是政治因素。当然,他也并没有放弃反对"犹太精神"的斗争。因此事实上,"马克思直到生命的最后一刻,或更精确地说,直到他最后一次执笔论及犹太人时他仍然展现着两张面孔:一张冷若冰霜,另一张体贴入微,有时两张面孔似乎同时闪现"③。最后,赫希希望,未来的哲学文科不会把《论犹太人问题》一文描绘成:"马克思的残忍梦想——一个非犹太人的世界。"④ 乔纳森·萨克斯认

---

① 林进平编著:《马克思〈论犹太人问题〉研究读本》,中央编译出版社2016年版,第90页。
② T. B. Bottomore, "Karl Marx and the Radical Critique of Judaism", London, 1978, pp.344—357.
③④ [德]赫尔穆特·赫希:《能言善辩的马克思:析"率直的反犹太主义"》,胡建、朱伟译,载《湖州师专学报》1996年第2期。

为,"马克思并不是一个反犹主义者。因为马克思的观点与当时哲学家的观点几乎一致,而且那时也没有什么人能意识到欧洲人对犹太民族的偏见"[1]。

威廉·布朗沙尔认为把马克思视为自我憎恨的反犹主义者不成立。在《卡尔·马克思与犹太人问题》中,他明确指出,"马克思的反犹主义经常被描述成自我憎恨。但是犹太人的模式化特征有很多方面。由自我憎恨所促动的一个人会力图避免模式化特征的所有方面。他既称赞作为犹太人特性的知性主义又谴责它。犹太人被其朋友们说成是有学问的、博学的,被其贬低者说成是书呆子气和吹毛求疵的。而国际主义作为犹太人模式化特征的一个方面也是一样。喜欢这一特征的人把它说成世界大同主义和善于处世的老练。那些不喜欢的人将它称作忠诚感的缺乏、不爱国的行为甚至是不道德行为。犹太人是'书的民族',马克思接受了自己的书呆子气,并坦率承认他最喜欢的日常活动之一是'终日埋头读书'。这同样适合他的国际主义。他骄傲的是他能从世界性的视角而不是从宗教教义的有限

---

[1] Jonathan Sacks, "The Politics of Hope, London": *Jonathan Cape*, 1997, S.98-108.

范围、民族或文化视角的角度考虑事情。就这一点而言,在我看来,马克思已经抛弃了父母亲使他恼怒的犹太人模式化特征的那一方面,但他保留了其知性主义以及国际主义——这些都是他父亲的特质"。①

除了上述学者的分析角度,还有是从犹太人与金钱关系的角度出发,即"不如说马克思是在反对犹太人与金钱的关系,或者是反对作为金钱或作为资本象征的犹太人"②。威廉·布朗沙尔在《卡尔·马克思与犹太人问题》中也持有这样的观点。尽管他认为马克思有明显的反犹主义倾向,但他认为马克思"试图阐明的是,这种同样的唯利是图已经变成现代世界的社会风尚。他说,犹太人已经解放了自身,不是通过攫取金钱,而是通过犹太人的影响,金钱已经变成了一种世界性的力量"。"马克思在他后来的著作中再也没有讨论'犹太人问题'。相反,按照他的习惯,他似乎将自己对于犹太人敛

---

① William H. Blanchard, "Karl Marx and the Jewish Question", *Political Psychology*, Vol.5, No.3 (Sep. 1984), pp.365-374.
② 林进平编著:《马克思〈论犹太人问题〉研究读本》,中央编译出版社2016年版,第91页。

财的态度发展为一种包括了整个资本主义制度的哲学。对他而言,甚至犹太人的世界性意义也是一个太狭隘的论题。"①

在《马克思论犹太人问题:一个元批判分析》中,迈克尔·麦丹认为,关于马克思在《论犹太人问题》中对犹太人的论述必须结合当时特定的历史背景进行解读,断定马克思的"论证始于犹太人的赚钱智慧不能依据宗教来解释,而应根据单个犹太人的现实生活。这样的一种生活无非是'利己的活动',即商业和金融活动,他们都不是犹太人的唯一垄断,而是形成现今社会的基础。因此,依马克思之言,实际上,犹太人与基督徒之间无真正的差别"②。也就是说,马克思并没有把利己主义仅限于犹太人。

麦克莱伦在对《论犹太人问题》经过详细的文献梳理后,认为如果匆匆地不做思考地阅读一下,尤其是较简短的第二部分,会有马克思是反犹太的印象。确实,马克思从没有如此连贯性地沉溺

---

① William H. Blanchard, "Karl Marx and the Jewish Question", *Political Psychology*, Vol.5, No.3 (Sep. 1984), pp.365–374.
② Michael Maidan, "Marx on the Jewish Question: A Meta-Critical Analysis", *Studies in Soviet Thought*, Vol.33, No.1(Jan.1987), pp.27–41.

于反犹太的评论。他本人也作为一个犹太人被他很多最为强劲的对手如卢格、蒲鲁东、杜林等攻击过;但实际上,不论在他公开出版的著作还是他的私人信件中,都没有明显的犹太人自我意识的痕迹。而且麦克莱伦认为"马克思在1843年给卢格的信中表示愿意帮助科伦的犹太人,这表明与其说他的文章真正针对犹太人——不论是作为一个群体的犹太人,还是(在更小程度上)作为一个种族的犹太人,倒不如说是针对与犹太人普遍联系的粗鄙的资本主义"①。除此之外,还有很多学者反对马克思与反犹主义存在关联,如赫尔穆特·希尔施、盖瑞·奥尔格尔、汉娜·阿伦特等。

关于马克思与反犹主义的关系,与国外相比,由于背景不同,中国学术界并没有那么重视犹太人问题,研究成果也相对较少。但几乎呈现出一边倒的倾向,那就是中国学者几乎认为马克思不是反犹主义者,当然这和马克思主义是我国的主流意识形态不无关系。李勇在对犹太人的本质、反犹主义思想及其判定标准进行一个全面了解之后,认为马克

---

① [英]戴维·麦克莱伦:《马克思传》,王珍译,中国人民大学出版社2008年版,第79—80页。

思在一个犹太民族与欧洲社会融合过程中,在反犹主义不断高涨的历史环境下写成了《论犹太人问题》一文。"作为一个犹太人,作为一个欧洲启蒙知识分子,马克思了解反犹主义,犹太人千年的苦难对马克思而言也是切肤之痛。马克思立志要将犹太人问题归结于资本主义精神的体现;他要表明的是资本主义精神选择了犹太人;犹太人在马克思笔下仅仅是一个代表资本主义精神的符号,一个并没有任何理由值得憎恶的符号代表,甚至在某种程度上可以说马克思是犹太人的辩护者。"[1] 在认真整理学术史上对马克思与反犹主义关系的争论之后,李彬彬认为《论犹太人问题》是一篇政论性论文,马克思写这篇文章的目的是批判德国当时的犹太人政策,鼓舞德国犹太人的解放事业。"当然,谁都无法否认《论犹太人问题》激烈地批判了犹太人和犹太教,但是马克思所批判的并不是宗教意义上的犹太人和犹太教。"[2] 事实上,马克思解决犹太人问

---

[1] 李勇:关于马克思与论犹太人问题的重新解读,《当代国外马克思主义评论(11)》(中国会议),2013年12月。
[2] 李彬彬:《青年马克思与反犹主义的思想关系新探——重新思考〈论犹太人问题〉与反犹主义的关系》,载《贵州师范大学学报(社会科学版)》2016年第2期。

题的最终答案——"犹太人的社会解放就是社会从犹太精神中解放出来"①,为现代社会解决犹太人问题提供了唯一可行的道路。所以,《论犹太人问题》不是反犹主义的文献,马克思也不是反犹主义者。林进平认为,马克思在《论犹太人问题》中所要剖析的并不是犹太人,而是可以以犹太人、犹太精神作为象征的"现代人"和"现代社会","表现在《论犹太人问题》中的马克思就不是一位反犹主义者或自我憎恶者,而是一位立足于'现代社会'的反思者和批判者。他具有一种难能可贵的卓越的反思精神"②。何中华在《马克思的犹太人身份与他的哲学建构》中认为马克思思想同犹太教观念及其传统之间的关系充满着辩证性。"一方面,马克思在自觉层面上彻底告别了包括犹太教在内的一切可能的宗教形式;另一方面,犹太教的某些重要因子和精神气质在无意识层面上又深刻地影响了马克思的哲学建构。可以说,马克思哲学的合题取向、实践精神和真实的历史感、马克思对人的异化命运的

---

① 《马克思恩格斯文集》第1卷,人民出版社2009年版,第55页。
② 林进平:《探问〈论犹太人问题〉及其现代性之思》,载《现代哲学》2016年第2期。

敏感、对拜物教的批判、对道德维度的认同、对作为历史前提的物质条件的重视等等，都或多或少地折射着犹太教传统的底色。"① 而且，马克思之所以批判犹太教，并不仅仅是为了意识形态批判的一般需要，他还有自己的特殊用意。他在《论犹太人问题》中所体现出来的"对犹太人的憎恶和犹太教的否定，其最终目的是解构市民社会这一现代性的世俗基础"②。

除了坚持肯定或否定马克思是反犹主义者之外，还有一批中间派，也有不少学者坚持这个观点。例如什洛莫·阿维纳利一方面认为众所周知马克思是坚定的反犹主义者，一方面又认为必须要保持警惕，因为马克思在哲学上对犹太教的批判只是一种掩饰，他的真正意图是要实现在政治上对解放犹太人的支持。③

威廉·布朗沙尔在《卡尔·马克思与犹太人问

---

① 何中华：《马克思的犹太人身份与他的哲学建构》，载《山东社会科学》2016年第5期。
② 何中华：《马克思的犹太人身份与他的哲学建构》，载《山东社会科学》2016年第5期。
③ Aviveri S. "Marx and Jewish Emancipation", *Journal of the History of Ideas*, Vol.03, 1964.

题》中认为，尽管"马克思的反犹太主义是众所周知的"，但"在马克思关于犹太人的见解中明显有一些矛盾。一方面，他有一种强烈的和挖苦的敌意；另一方面，他有一种对于他们的福利事业的微妙而又不会被误解的关心。但是围绕着这每一种感觉，有一个重要的背景。当犹太人是寻求他帮助的受害者时，他无法承认一种兄弟情谊的感觉，但他至少能给他们提供足够的帮助"。因此，"马克思对犹太人的感情是分裂的，在许多试图解释马克思著述的人的激进看法中也有类似的分裂"①。而这种矛盾情绪的本质并不是因为犹太人象征着无产阶级，而恰恰相反，是因为"马克思将犹太人视为资本家"②。

至于认为马克思无所谓反犹或亲犹，这个问题对马克思来说几乎是一个假问题，这种观点较早见之于梅林。在梅林看来，"这个问题在当时还没有像现在这样陷到反犹派和亲犹派的泥坑里。作为商业资本和高利贷资本的有势力的代表而力量不断增长的整整一个居民阶层，由于它的宗教的缘故而被

---

①② William H. Blanchard, "Karl Marx and the Jewish Question", *Political Psychology*, Vol.5, No.3 (Sep. 1984), pp.365-374.

剥夺了一切公民权利，或者仅仅由于它的高利贷活动而享有种种特权"①。根据梅林的介绍，当时的背景是：资产阶级启蒙运动者厌恶犹太教，"他们要求犹太人的政治解放，但不是平等意义下的政治解放；他们无意放弃自己的特殊地位，却宁愿加强这种地位。他们随时准备牺牲自由的原则，只要这些原则违反了犹太人的任何特殊利益"②。

我国学者肖宪和梅林的观点一致，他认为，"反犹主义"，"指的是那种出于狭隘的宗教信仰或者反动的种族主义观点而憎恨、仇视犹太人，以各种方式对犹太人进行歧视、迫害甚至屠杀的思想和活动"③。而"作为共产主义运动创始人的马克思既不是一个民族主义者，更不是一个宗教徒，而是一位伟大的国际主义者。他对犹太人和犹太教的批判，并不意味着他歧视或憎恨犹太人，因为他的胸襟和理想已使他超越了狭隘的民族或宗教界限。他是站

---

① ［德］梅林：《马克思传》上册，樊集译，生活·读书·新知三联书店1965年版，第90—91页。
② ［德］梅林：《马克思传》上册，樊集译，生活·读书·新知三联书店1965年版，第91页。
③ 林进平编著：《马克思〈论犹太人问题〉研究读本》，中央编译出版社2016年版，第93页。

在探索整个人类解放道路的高度，对当时一种特殊的社会经济现象进行科学的分析和批判。从这一点来看，那些浅薄的、庸俗的反犹主义者与他是根本不能相提并论的"①。

2.马克思对现代性的批判

马克思在《论犹太人问题》中直接把犹太人问题看作一个社会问题加以考量，宗教、道德、政治都还原为社会现象，揭露了犹太精神，是学者们反思现代性的重要理论资源。因此，国内学者会选择从马克思对现代性的批判这个角度去解读《论犹太人问题》，虽然各自的解读方式存在一定的差异，但是结论都大致相同，都认为马克思对现代性的批判对我们当今世界具有深刻的启示意义，"借助于犹太性与资本主义金钱崇拜之间的联系，揭示资本主义面临的人被物役的社会核心问题，使人们看到了物役背后的人与人之间的关系"②。

贾利民在《论犹太人问题与现代性批判》中认为，马克思在《论犹太人问题》中已经站在了"现

---

① 肖宪：《马克思与犹太人》，载《世界历史》1996年第6期。
② 林进平编著：《马克思〈论犹太人问题〉研究读本》，中央编译出版社2016年版，第109页。

实人"的立场上,看到了资本主义的异化本质,"在为人类指明了真正实现解放的现实目标的同时,展开了对资本主义彻头彻尾的深入剖析,揭示了资本主义的内在构成和运行机制,为我们能够清楚、透彻地认识资本主义提供了现实、科学的理论视角,也为犹太人问题的解决提供了一条科学的、现实的理论路径"①。其对犹太人问题的批判,其实就是对资本主义的批判,而对资本主义的批判同时就是对现代性本身的批判。而理解和把握马克思"犹太人——现代性"批判的根本实质是我们应该如何面对现代性本身。赵志勇、贾丽民在《马克思"现代性"批判的"现实维度"——以〈论犹太人问题〉为视角》中的分析路径和贾利民差不多,马克思是立足于"现实人"本身,对"现实世界"展开批判,并在批判和分析中寻求解决问题的"现实路径"。但他们在此基础上进一步认为"马克思对'犹太人'问题进行批判的理论前提、对'犹太人'问题展开分析的理论深入、对'犹太人'问题解决的理论方案中,都强烈地凸显着马克思整个理论批

---

① 贾利民:《论犹太人问题与现代性批判》,载《云南社会科学》2008年第1期。

判的'现实维度'。而对'现代性'批判的'现实维度'构成了马克思'现代性'批判的独特理论视角，这种独特的理论视角正是马克思理论本身内在生命力所在"。① 这为我们今天能够正确地面对"现代性"本身提供了坚实的基础。

与贾利民的解读角度略有差异，王志军是直接从"现代性和钱"的角度入手分析的。他认为马克思《论犹太人问题》的中心不是"述评犹太人或犹太教的善恶优劣，而是借助于犹太性与资本主义金钱崇拜之间的关系，揭示资本主义面临的人被物奴役的社会核心问题，即一个现代性问题，使人们看到了物役背后的人与人之间的联系"②，其中作者详细分析了犹太人与金钱拜物教的问题。他认为马克思并没有局限于单纯的犹太人问题，他更加关注的是资本主义社会对于金钱的贪婪与追逐。作者认为这种将对金钱的批判与人类解放联系起来的视角，无疑是有助于我们对现代性问题的探讨的。总之，

---

① 赵志勇、贾丽民：《马克思"现代性"批判的"现实维度"——以〈论犹太人问题〉为视角》，载《社会科学战线》2009年第4期。
② 王志军：现代性和钱：《马克思〈论犹太人问题〉的理论旨趣与现实意义》，载《北方论丛》2008年第1期。

"马克思以追求全人类的普遍自由解放为目标，从资本主义为特征的现代社会的本质入手，对现代性的反思留下了具有普遍性、针对性、复杂性为特征的思想遗产。现代性与钱的问题不仅表现了马克思反思资本主义的敏锐洞察力，而且对于我们的现实具有超越时空的深刻启示"[1]。

黄学胜、邹诗鹏在《犹太人问题何以成为"当代的普遍问题"》中主要通过探讨马克思思考犹太人问题的两个维度，即对政治解放本身的批判和对市民社会的批判，来论述犹太人问题的现代性。作者认为"马克思一开始并没有把'犹太人问题'看成是'当代的普遍问题'，而是在对问题本身的细致剖析中揭示出犹太人问题的社会历史背景，在对鲍威尔的批判性分析中贯彻了对传统思辨哲学、自由主义政治哲学以及启蒙哲学的内在批判，从而使得犹太人问题转变为19世纪40时代的普遍问题"[2]。而正是在这个思想的转换中，恰恰也蕴含并

---

[1] 王志军：现代性和钱：《马克思〈论犹太人问题〉的理论旨趣与现实意义》，载《北方论丛》2008年第1期。
[2] 黄学胜、邹诗鹏：《犹太人问题何以成为"当代的普遍问题"》，载《现代哲学》2008年第1期。

开启了马克思犹太人思想的当代性，包括与当代有关犹太人问题的批判性对话。而这一对话就充分体现在马克思的文章《论犹太人问题》中。作者认为，通过犹太人问题的论述，马克思展开了对现代性的批判。马克思认为"金钱导致了人的价值和本质的异化，这揭示出了资本原则必然随着资本主义精神的兴起而变成左右社会和人的强制力量。而在我们当今社会，经济的合理性与社会正义原则以及道德原则日益分离，自我利益原则实则已经代替道德成了日常生活中的不二法门"①。作者认为马克思的批判其实已直接指向我们今天所处的当前世界。

与黄学胜、邹诗鹏的两个维度相比，杨晓平又多了一个维度，即对启蒙原则的批判。作者认为，《论犹太人问题》是马克思现代性批判的第一篇檄文。在《论犹太人问题》中马克思已经完全自觉地站在共产主义和人类解放的立场，对资产阶级社会展开了全面的批判。作者认为，"在《论犹太人问题》中，马克思首次对现代的政治解放、启蒙原则和市民社会做了全面批判，指出政治解放不是彻

---

① 黄学胜、邹诗鹏：《犹太人问题何以成为"当代的普遍问题"》，载《现代哲学》2008 年第 1 期。

底的人类解放；启蒙原则所确立的自由人权由于是建立在人与人的分离的基础上的，是一切人反对一切人的权力，因此绝非普世价值或人的自由；而市民社会利己主义成为基本原则或精神，因此也是一个彻底异化并产生上述异化的领域。总之，在马克思看来，犹太人的问题，正如整个人类解放问题一样，已经充分社会化了：犹太人要作为人解放，只有依靠人类解放、社会解放；而人类解放和社会解放反过来又要依赖社会从犹太精神，从资本主义市民社会，即从私有财产和宗教解放中解放出来"[1]。

在《现代性状况下人的形象——马克思〈论犹太人问题〉研究》中刘宇兰以现代性状况下人的形象为基点，认为犹太精神作为政治国家世俗基础的秘密，是现代性的本质。人与自身、人与自然、人与他人的异化就是犹太精神的具体表现。现代性条件下，人是信奉犹太精神的人，崇尚金钱，成为金钱的奴隶。作者认为犹太人问题的真正解决在于："犹太人的社会解放就是社会从犹太精神中获得解

---

[1] 杨晓平：《马克思现代性批判的先导——读〈论犹太人问题〉》，载《探索》2011年第3期。

放。"① 犹太人问题已经不仅仅是关系到犹太人自身的问题,更是现代性的普遍问题。"犹太人的真正解放也就是社会的普遍解放,是人的解放。现代性状况下人的形象是异化的人,是抽象的个性和抽象的普遍性,而人的真正的解放是要实现个性与普遍性统一的自由人的联合体"。②

赵华灵在《〈论犹太人问题〉的现代性批判思想》中认为,"对现代性的批判是马克思理论思想和革命事业的立足点"③。而在《论犹太人问题》中,马克思就已开始了对现代性的批判。"马克思在探索宗教解放与政治解放的关系中最早触及现代性,通过批判市民社会的人权及私有制批判现代性的利己主义和制度特征。马克思对现代性的批判始终以追求和实现人的自由自觉的类特性为终极旨归。"④

李永杰通过对市民社会的充分阐释体现了马克思在《论犹太人问题》中所彰显出来的现代性特

---

① 《马克思恩格斯文集》第1卷,人民出版社2009年版,第55页。
② 刘宇兰:《现代性状况下人的形象——马克思〈论犹太人问题〉研究》,载《社会科学家》2013年第8期。
③④ 赵华灵:《〈论犹太人问题〉的现代性批判思想》,载《天中学刊》2009年第6期。

质。市民社会属于私人领域，有着自己的诸多原则，如利己主义原则、自由原则和交往原则。作者认为马克思的市民社会理论本质上就是资本主义的一个社会领域，它体现了若干现代精神。首先，马克思的市民社会理论是一个"以物的依赖性为基础的人的独立性"的社会状态。在这个阶段里，"每个人都以自身为目的，其他一切在他看来都是虚无。但是，如果他不同别人发生关系，他就不能达到他的全部目的。因此，其他人便成为特殊的人达到目的的手段"①。人与人的交往在市民社会虽然普遍存在，但这种交往却更多地透露着物质主义。"其次，马克思的市民社会理论张扬了私人自由。市民社会是私人领域，处在这个领域的人们，只要不违反社会的法律、道德等基本规范，尽可率性自由，这就是现代人的自由。最后，马克思的市民社会理论张扬了人的主体性。在市民社会中，个人是自我利益的主人，他有权力进行自我抉择，反对他人的强制和越俎代庖，这就是人的主体性的觉醒与

---

① [德]黑格尔：《法哲学原理》，范扬译，商务印书馆1961年版，第197页。

自觉。"①总之，马克思《论犹太人问题》中的市民社会理论凸现了现代性的特质与精神，"物的依赖性"、张扬私人自由和张扬人的主体性。

林进平的《探问〈论犹太人问题〉及其现代性之思》是笔者掌握的目前对《论犹太人问题》进行现代性反思的最新文献。作者立足文本，通过对文本的独特地位、文本的两个理解诉求以及文本要旨的深入探讨来解释该文本对现代性的反思精神。作者认为《论犹太人问题》堪称马克思思想的一个转折点，"具有承前启后的作用，不仅从中可以看到马克思此前思想的身影，而且可以看到他此后的思想发展。不仅饱含了马克思丰富的思想精华，表现了马克思娴熟的哲学技艺，而且透露出一种批判性的思想反思"②。在作者看来，《论犹太人问题》的要旨是：从市民社会批判的视角出发揭示什么是政治解放和人的解放，以此批判鲍威尔仅从宗教批判的视角出发去看待犹太人问题，"'把政治解放'和

---

① 李永杰：《马克思早期市民社会理论的现代性特质》，载《福建论坛》(人文社会科学版) 2014 年第 8 期。
② 林进平：《探问〈论犹太人问题〉及其现代性之思》，载《现代哲学》2016 年第 2 期。

'人的解放'混为一谈的根本错误"①,并以此论辩犹太人有资格获得政治解放和公民的解放。而且作者认为马克思在《论犹太人问题》中是一位立足于"现代社会"的反思者和批判者。"那种视他人为地狱,视金钱为上帝,视人生为利己的占有性的人生的现代性观念,一直是马克思所要批判和超越的对象。最后,作者建议人民和民族都需要反思,在反思中吸取动力,奋然前行。因为善于反思是一个人的理性趋于健全、个性趋于成熟的标志,也是一个民族趋于成熟的标志。"②

以上学者对马克思对现代性批判的解读应该说是比较到位的,"揭示了马克思自《黑格尔法哲学批判》之后,对政治解放、人权、市民社会的认识的连贯性,马克思对市民社会的批判也的确可以视为马克思批判资本主义的先声"③。但是,我们需要注意的是,这样的先声早在《黑格尔法哲学批

---

① 《马克思恩格斯文集》第1卷,人民出版社2009年版,第304页。
② 林进平:《探问〈论犹太人问题〉及其现代性之思》,载《现代哲学》,2016年第2期。
③ 林进平编著:《马克思〈论犹太人问题〉研究读本》,中央编译出版社2016年版,第110页。

判》中就已经确立①，且不足的是，"学界极少将马克思在《论犹太人问题》中对市民社会的批判上溯至《黑格尔法哲学批判》，以至将《论犹太人问题》夸大为马克思对现代性批判的第一篇檄文；而往后，又未能有效地将他这一批判与《神圣家族》《德意志意识形态》《资本论》及其手稿时期等联系起来解读"②。

3.马克思的市民社会观

市民社会是马克思早期重要概念，因而对市民社会的研究也成为学者们对《论犹太人问题》研究的重要部分。虽然学者们探讨的角度、探讨的内容都各有差异，但是几乎一致认为马克思应该在政治经济学中完成对市民社会的解剖。

---

① 马克思在1859年《〈政治经济学批判〉导言》中写道："我写的第一部著作是对黑格尔法哲学的批判性的分析，这部著作的导言曾发表在1844年巴黎出版的《德法年鉴》上。我的研究得出这样一个结果：法的关系正像国家的形式一样，既不能从它们本身来理解，也不能从所谓人类精神的一般发展来理解，相反，他们根源于物质的生活关系，这种物质的生活关系的总和，黑格尔按照18世纪的英国人和法国人的先例，概括为'市民社会'，而对市民社会的解剖应该到政治经济学中去寻求。"参见《马克思恩格斯文集》第2卷，人民出版社2009年版，第591页。

② 林进平编著：《马克思〈论犹太人问题〉研究读本》，中央编译出版社2016年版，第110页。

朱庞正从法哲学的角度探讨了马克思市民社会理论中所包含的法哲学思想，他认为法的现象和社会之间的关系问题，是马克思全部法哲学思想的核心问题。作者首先分析，"马克思认为在资本主义时代，市民社会和政治国家彼此分离。因此，国家的公民和作为市民社会成员的市民也是彼此分离的。每一个个人都处在双重的组织中，一是政治国家，二是市民社会。在市民社会与政治国家相分离的情况下，市民社会需要一种中介参与政治国家；反之，政治国家也需要通过一种中介参与市民社会。前一种中介即是立法权，后一种中介即是行政权。与此相适应，体现立法权的议会便成为市民社会在政治国家中的全权代表，而体现执行权的官僚机关则是政治国家在市民社会中的全权代表。政治国家的整体是立法权，因此，市民社会力图让所有群众都参与立法权，从而使得市民社会与政治国家在立法权上获得了统一"①。作者进一步分析，市民社会决定国家，市民社会中的财产关系决定国家法律制度。透过私有财产可以听到人对人的依赖。马

---

① 朱庞正：《试述马克思市民社会理论中的法哲学思想》，载《江苏社会科学》1996年第1期。

克思在《论犹太人问题》中有相关描述:"把他们连接起来的唯一纽带是自然的必然性,是需要和私人利益,是对他们的财产和他们的利己的人身的保护"。①综上所述,马克思阐明了财产关系对法的决定作用。当然,"由于这时的马克思还不具备丰富的政治经济学知识,无法更深入地探究市民社会内部物质生产关系的奥秘,所以市民社会与法的内在关联尚未获得更充分的揭示"②。也因此,作者认为对市民社会的解剖应该到政治经济学中去寻找。

陈家琪也认为,马克思在《论犹太人问题》中所使用的"市民社会"这个概念还需要进一步斟酌,"而且他用市民社会这一概念来表达私人活动(如犹太人的经商)与国家的政治行为之间的关系,这一切都预示着一个更深层次的还原即将出现在马克思的学说中,这就是对资本主义的经济关系的分析以及生产力和工人阶级这一概念的重新提出"③。也就是马克思将到政治经济学中去进一步解剖与分

---

① 《马克思恩格斯文集》第1卷,人民出版社2009年版,第42页。
② 朱庞正:《试述马克思市民社会理论中的法哲学思想》,载《江苏社会科学》1996年第1期。
③ 陈家琪:《再谈马克思与犹太人问题:宗教、政治与市民社会》,载《社会科学论坛》(学术评论卷)2008年9月。

析市民社会。

李彬彬从货币异化的角度探讨了马克思的市民社会观。他在差不多同一时间发表了两篇相关论文，分别是：《货币异化：人的自我异化与相互异化——重估〈论犹太人问题〉在马克思思想历程中的地位》和《从政治国家批判到市民社会批判——〈论犹太人问题〉与马克思早期的思想转变》，其中后一篇是在前一篇理论基础上的继续和升华。在前一篇中，李彬彬认为在马克思的思想历程中，《论犹太人问题》是一篇非常重要的著作。这并不是简单地因为马克思在这篇论文中公开向鲍威尔宣战，更重要的是因为马克思在其中提出了"货币异化"的议题。"这一议题的重要价值在于，马克思从以下两个维度展开了对它的讨论：第一，就货币作为人创造的对象而言，'货币异化'探讨的是人的自我异化的问题；第二，就货币作为人与人相交往的中介而言，'货币异化'探讨的是人的相互异化的问题。在前一个维度上，马克思的分析工具还是'类本质'，他的思想依然处在鲍威尔和费尔巴哈为代表的青年黑格尔派的'宗教批判'的平台上；在后一个维度上，马克思面对的则是表现为数目庞大的现象堆积的整个市民社会。"①作者通过对货币异化的缘起、纬度和扬弃的分析，认为马克思已经注意到了货币对于现代人的生活的控制，提出必须消灭货币所造成的异化，这预示着马克思更进一步的探究方向。那就是对于"货币异化"中人的"相互异化"的考察，必然要求对现代市民社会中的社会关系做彻底的研究，这也是马克思写作"巴黎笔记"和"巴黎手稿"的首要目的。②

在《从政治国家批判到市民社会批判——〈论犹太人问题〉与马克思早期的思想转变》中，李彬彬认为《论犹太人问题》承接了《黑格尔法哲学批判》所确立起来的政治国家和市民社会的二元对立的观点，并基于此区分开了"政治解放"和"人的解放"，在分析"政治解放"的限度的过程中，马克思批判的重点从政治领域转向市民社会。作者认为，马克思在《论犹太人问题》中对市民社会的批判集中表现在他对"货币异化"的分析和解决中。通过分析论证，马克思认为人的社会解放更为

---

①② 李彬彬：《货币异化：人的自我异化与相互异化——重估〈论犹太人问题〉在马克思思想历程中的地位》，载《学习与探索》2016年第6期。

根本，而这种看法又源自马克思把人的相互异化维度视为人的自我异化维度的根源。消灭人的相互异化是消灭人的自我异化的充要条件。作者认为"尽管马克思对'货币异化'的分析使用了费尔巴哈的'类本质异化'的逻辑，他对市民社会的批判还没有达到《1844年经济学哲学手稿》借助于政治经济学批判市民社会所达到的思想高度，但是在马克思从'副本批判'转向'原本批判'的过程中，《论犹太人问题》构成了重要的过渡环节，它正处在这一转向的转折点上。这一转折为马克思思想的发展开启了新的方向"①。当然，作者在文中专门强调了"批判市民社会"必须借助于政治经济学，并且政治经济学此后成了马克思一生的研究课题。

不同于以上学者的解读角度，韩立新从马克思思想发展史的角度探讨了马克思市民社会概念与黑格尔市民社会概念的关系。韩立新认为，"早期马克思，特别是到《黑格尔法哲学批判》为止，还是一位黑格尔国家哲学的坚定支持者，在解决人

---

① 李彬彬：《从政治国家批判到市民社会批判——〈论犹太人问题〉与马克思早期的思想转变》，载《贵州师范大学学报》（社会科学版）2016年第6期。

的政治异化问题上沿用了黑格尔'国家和市民社会'的二元框架。马克思同黑格尔的区别不在于要不要国家，而在于靠什么样的国家理念来扬弃市民社会。在这个意义上，当时的马克思还未能将解决人的政治异化的理论路径从国家转移到市民社会上来"①。到了《论犹太人问题》，马克思针对鲍威尔提出的"政治解放"中的缺陷而制订了"人的解放"的方案。其关键在于要把因"政治解放"而分裂的"公民"和"市民"重新统一起来，让原本属于人的"共同体精神""政治精神"重新回归于人自身，从而成为"类存在物"，让人重新承担起共同体和政治的责任。只有这样，人才能克服自身的政治异化，实现道德文明进步。至此，马克思看起来似乎完成了超越鲍威尔，提出了新的解决方案的任务。但是作者认为根据马克思当时所面临的课题的性质，他对市民社会中普遍性的探求似乎应从重新挖掘这一"形式普遍性"入手。但在《论犹太人问题（二）》中，马克思采取了完全相反的做法。他把利己主义看成市民社会的原则，把犹太精神看成

---

① 韩立新：《从国家到市民社会——〈论犹太人问题〉和〈黑格尔法哲学批判〉导言〉研究》，载《河北学刊》2016年第5期。

市民社会的基本精神,把市民社会定义为"扯断人的一切类联系,代之以利己主义和自私自利的需要,使人的世界分解为原子式的相互敌对的个人的世界"①。尽管马克思讨论到了货币,但只是从消极的或否定的方面来看待货币,他对货币的认识显然还只是带有单纯批判性质的"货币异化论"。因此,作者认为"当时马克思对市民社会的认识基本上还属于黑格尔的市民社会概念的前一个方面,即'特殊性原理'贯彻的世界。在这种认识下,当然也就无法发现'形式普遍性'原理的意义,更不用说从这一角度去寻找那一普遍性了"②。

陈浩同意韩立新的观点,并得出了一致结论。他在《从国家向市民社会的复归——黑格尔哲学视野下的〈论犹太人问题〉》中认为,"早期马克思之所以从国家转向市民社会,是因为马克思继承了黑格尔关于市民社会和国家二分、特殊性和普遍性对举的分析框架,并且马克思比黑格尔更为坚决地贯彻了黑格尔哲学的分析原则——'普遍性只有以特

---

① 《马克思恩格斯文集》第1卷,人民出版社2009年版,第54页。
② 韩立新:《从国家到市民社会——〈论犹太人问题〉和〈《黑格尔法哲学》批判〉研究》,载《河北学刊》2016年第5期。

殊性为中介才能实现自身'"①。作者进一步分析道，早期马克思认为市民社会代表了人的特殊性，而国家体现了人的普遍性。鉴于早期马克思的立场是褒扬普遍性，因此在市民社会与国家之间，他理应会放弃市民社会。可是，马克思选择了市民社会而放弃了国家。要想解释马克思这种看似不合常理的选择，需要留意马克思关于"普遍性只有以特殊性为中介才能实现自身"的论点。根据这一论点，"国家中的人是抽象的、虚构的公民，缺乏能够发展出现实普遍性的特殊性因素，国家因而只能表现出抽象的、虚构的普遍性；与国家不同，市民社会的人（市民）虽然是消极特殊性的表现，即利己性的、孤立性的存在，但同时亦是积极特殊性的体现，即直接的、感性的存在，具备开出真正普遍性的潜能。因此，正是由于看到市民社会暗含了国家所缺乏的，但对发展真正的普遍性又极为关键的积极特殊性，早期马克思才从国家转向了市民社会"②。

在《马克思哲学新的启程——从〈《黑格尔法哲学批判》导言〉和〈论犹太人问题〉看马克思思想

---

①② 陈浩:《从国家向市民社会的复归——黑格尔哲学视野下的〈论犹太人问题〉》，载《清华大学学报》(哲学社会科学版) 2017年第4期。

转变》中,柳博认为马克思在"《导言》中分析德国革命的可能时就在思考市民社会与国家对革命的需要和动力能否达成一致,在《论犹太人问题》中讨论犹太人解放的问题上,仍在思考市民社会与政治国家的关系,由此探索实现政治解放和人类解放的普适性道路"[①]。作者认为马克思其实早在《莱茵报》工作时期就开始怀疑黑格尔"国家就是理性"的国家观念,并逐步认为"要解决这个问题就必须要研究社会发展的历史,关注社会现实",最终在"《黑格尔法哲学批判》中明确提出了自己的观点'市民社会决定国家'"[②]。

4.马克思的国家观

对现代国家的思考是青年马克思政治哲学论述的重要方面,也是马克思主义政治哲学发展史上的主题,而《论犹太人问题》一文是青年马克思关于现代国家思考的直接而深刻的体现。国内学者从不同的角度对马克思国家观进行了解读。但是,由于阶级立场不同,不同于国内学者对文本中马克思国

[①②] 柳博:《马克思哲学新的起程——从〈黑格尔法哲学批判〉导言〉和〈论犹太人问题〉看马克思思想转变》,载《吉首大学学报》(社会科学版)2019年第3期。

家观持正面肯定的态度，国外学者对此则提出了一定的质疑。

秦俊主要从市民社会的角度对马克思的国家观进行了解读，他在《青年马克思的国家观》里认为马克思国家概念的不断完善始终是以市民社会研究的突破为理论前提的。马克思在《论犹太人问题》中所关注的是现代的资产阶级国家，并主要围绕政治和法展开理论批判。"一方面，马克思逐渐认识到现代化进程中存在着政治国家与市民社会相分离的矛盾，并将这种分离看成是历史发展的客观趋势。然而，其也深刻地认识到政治解放或资产阶级革命的局限性，从而明确地把批判矛头指向了现代资产阶级国家制度。另一方面，在确立市民社会的基础地位后，马克思找到了克服鲍威尔宗教与国家二元论的正确途径。马克思揭露了国家虽然在抽象政治领域有超越市民社会的一面，但在实际上却服从于市民社会的原则，并以社会差别为前提。"①因此，马克思在政治解放与人类解放之间又插入了社会革命这个环节，并希望它能够使世俗社会中的

---

① 秦俊：《青年马克思的国家观》，载《哲学世界》2004年第1期。

人成为真正的"类存在物"。总之,作者认为《论犹太人问题》"将宗教从政治生活领域转置到市民社会中来理解,并提出了社会革命的诉求,这无疑标志着马克思已经看到了市民社会中存在的不平等现象,但对这种不平等,马克思是从人性的角度来理解的,因此,这里的国家仍旧是一个抽象的概念。要到《神圣家族》,国家概念才能完成从先验到经验、从抽象到具体的最初转变"①。

与秦俊的解读角度不同,孙燕主要是从人类解放的角度对马克思的国家观进行解读。她在《青年马克思的国家观探析》中指出,青年马克思的国家观经历了从理性国家观到国家批判理论的转变过程。"其国家观质的飞跃的标志是对政治解放与人的解放的明确区分,这集中体现在《论犹太人问题》一文中。"②作者认为,《论犹太人问题》一文对《批判》一文的超越体现在分析政治解放的基础上首次提出了人的解放,所谓人的解放就是人的本质的复归,而在现代资产阶级国家中并没有也不能实现这一复归。作者认为"尽管马克思在这里没有

---
① 秦俊:《青年马克思的国家观》,载《哲学世界》2004年第1期。
② 孙燕:《青年马克思的国家观探析》,载《理论探索》2009年第2期。

明确提出国家消亡的观点,但根据他同一时期写的'于现代国家的著作的计划草稿'的最后一条,'为消灭国家和市民社会而斗争',可以推断出完成了的人的解放就意味着国家的消亡,至少是现代国家(即资本主义国家)的消亡"①。至此,作者认为青年马克思在这里已经初步实现了从理性国家观向国家批判理论的转变。虽然这一转变并不彻底,带有很多"粗陋"的痕迹,但这转变后的国家观已经包含了"天才的萌芽"。

刘同舫、陈晓斌在《现代国家的解放限度与历史命运——马克思〈论犹太人问题〉释义》中以重述和疏解文本为解读方式,来进一步厘清马克思早期著述中的现代国家问题。作者认为,在《论犹太人问题》中,马克思以特有的方式阐述了现代国家的解放限度与命运,详细论证了市民社会人权体系的必然性与局限性,"作为政治解放的结果,人权给予个体以自由和平等的同时也使个体陷入自私自利,从而损害了现代国家的完整性"②。接着马克思

---

① 孙燕:《青年马克思的国家观探析》,载《理论探索》2009年第2期。
② 刘同舫、陈晓斌:《现代国家的解放限度与历史命运——马克思〈论犹太人问题〉释义》,载《人文杂志》2016年第1期。

由此展开了对资本主义世界中"犹太精神"的批判,犹太精神的本质是实际需要和利己主义,它不仅体现了单个的犹太人的狭隘性,而且体现了具有社会关系的犹太人的狭隘性。因此,作者最后认为"政治解放建构起来的市民社会与政治国家、私人领域与公共领域相分离的现代国家不仅无法彻底拯救犹太人,反而使现代社会深深陷入犹太人的狭隘性。'犹太人问题'的解决在于实现一种能够消除'高度的经验本质'前提的社会组织,即一种能够消除市民社会的犹太精神的社会组织,这一社会组织必须终结和超越政治解放所建构的'现代国家'"①。

张双利透过对宗教与现代政治之间复杂关系的解析,更加具体地分析了《论犹太人问题》中马克思的国家学说。作者认为,在马克思批判黑格尔法哲学的整个过程中,《论犹太人问题》只一个关键性的文本。在该文中,马克思抓住政治意识这个重要环节,分三个层次具体阐述了宗教与现代政治的关系,进而对市民社会与国家之间的关系进行了重

---

① 刘同舫、陈晓斌:《现代国家的解放限度与历史命运——马克思〈论犹太人问题〉释义》,载《人文杂志》2016年第1期。

新解释。关于宗教与现代政治之间的关系，马克思明确指出，"现代国家是类似宗教的抽象，它不仅以政治和宗教的分离为原则，而且还必须需要一种具有宗教性质的政治意识的支撑，而被下降到市民社会的宗教恰恰具有培育此种政治意识的功能；资产阶级政治意识的内部存在着矛盾，它一方面认现代国家是市民社会的目的，另一方面又反过来认市民社会中个体的权利为现代国家的目的，致力于促成和保障市民社会的充分发展；市民社会的充分发展必将导致货币拜物教的盛行和那种支撑着现代国家的政治意识的衰落，该政治意识的衰落必将使现代国家丧失其相对于市民社会的超越性，沦为市民社会的手段"[①]。作者认为，把握住马克思对宗教与现代政治之间复杂关系的分析，对于我们更加具体地了解马克思的国家学说具有重要意义。它能帮助我们明确地看到，马克思的国家学说发展明确地经历了三个重要步骤："先是对黑格尔关于市民社会与国家之间关系的解释的直接反驳。其次是通过宗教与现代政治的复杂关系，重解现代国家与市民

---

① 张双利：《马克思论宗教与现代政治——重解马克思的〈论犹太人问题〉》，载《复旦学报》(社会科学版) 2016 年第 1 期。

社会之间的关系,明确提出市民社会批判的重要任务。最后是通过对市民社会内部权力关系的批判,从阶级统治的角度再解市民社会与现代国家之间的关系。《论犹太人问题》是其中的第二个步骤的集中体现,它是马克思与资产阶级政治哲学的直接较量。"①

潘虹旭、张艳涛主要从政治解放的角度阐述了马克思的国家观。作者首先指出在《论犹太人问题》中,马克思"揭示了政治解放的不彻底性,认为只有把政治解放导致的公民身份与市民身份的对立、共同体精神和政治精神的分裂破除,才能推进人的解放"②。其次,作者认为马克思国家观扬弃了政治解放。马克思国家观经历了一个不断成熟和完善的过程。在19世纪中期,面对普鲁士的现状,马克思对国家形成两点看法:"一方面,国家作为政治解放中介是不彻底的;另一方面,政治解放后的人受到双重压迫。"③ 马克思将这种状况更明确地

---

① 张双利:《马克思论宗教与现代政治——重解马克思的〈论犹太人问题〉》,载《复旦学报》(社会科学版) 2016 年第 1 期。
②③ 潘虹旭、张艳涛:《从政治解放到人的解放——基于〈论犹太人问题〉和〈《黑格尔法哲学批判》导言〉的考察》,载《宁夏党校学报》2017 年第 4 期。

概括为：德国无产阶级"不是同德国国家制度的后果处于片面的对立，而是同这种制度的前提处于全面的对立"①，这个前提就是资本主义经济制度。最后作者认为马克思已经超越了黑格尔国家观。事实上，"马克思在批判政治解放的同时也在批判黑格尔国家观。马克思和黑格尔国家观的差异表面看是市民社会和国家孰为出发点、孰轻孰重的关系，实则是黑格尔封闭的世界观和马克思开放的世界观之间的差异。黑格尔将世界抽象成'封闭的圆圈'，因而无法得出对世界的真实认知。相反地，在马克思这里，市民社会摆脱政治桎梏和宗教束缚表现为物质生活，人成为'尘世的人'，马克思也因此得出了对世界的真实认知"②。

由于阶级立场的原因，不同于国内学者对马克思国家观持正面肯定的态度，大卫·英格拉姆在《权利与特权——马克思和〈论犹太人问题〉》中认为马克思对犹太人与现代国家之间岌岌可危的共生

---

① 《马克思恩格斯全集》第1卷，人民出版社2009年版，第17页。
② 潘虹旭、张艳涛：《从政治解放到人的解放——基于〈论犹太人问题〉和〈《黑格尔法哲学批判》导言〉的考察》，载《宁夏党校学报》2017年第4期。

关系的理解是有问题的。作者认为马克思没有把握住现代国家为犹太人提供了形式法律保护的堡垒这一点，也因此低估了国家对于欧洲犹太人存续下来所起的重要作用。作者认为这时候的马克思还不成熟，成熟时期的马克思就并非如此。"尽管成熟的马克思仍然将资产阶级权利、特权与宗派自决等同起来，但他最终还是将现代国家的这些方面视为与社会主义社会（如果不是与共产主义社会的话）相容的。"①

5. 马克思的民族宗教观

一般说来，探讨马克思宗教观的学者，大部分都会涉及马克思在《论犹太人问题》中所表述的宗教思想。但是在对马克思宗教观的解读上，中外学者存在着明显的差异。国外学者一般都会把马克思在《论犹太人问题》中的宗教思想和在《〈黑格尔法哲学批判〉导言》中的宗教思想进行比较，而中国学者则更倾向于从《论犹太人问题》文本本身去探讨马克思的民族宗教观。

林进平是国内较全面地对西方学者对《论犹太

---

① ［美］大卫·英格拉姆：《权利与特权——马克思和〈论犹太人问题〉》，李旸等译，载《国外理论动态》2015年第11期。

人问题》文本的宗教思想进行总结的学者。总体来说，西方学者对该文本的宗教观大致分为以下四点：

（1）认为马克思在《论犹太人问题》和《〈黑格尔法哲学批判〉导言》中所表述的宗教思想是一致的，二者都处于其对宗教进行批判的阶段。特雷弗·林在《马克思与宗教》中认为马克思对待宗教的态度可以分为三个发展阶段。第一阶段是在马克思在中学求学的时期，他接受了基督教的观念；第二阶段是在柏林大学求学时期，他从哲学观点出发，断然摒弃了基督教和一切有神论的信仰；第三阶段，他对国家利用宗教进行批判，并对由国家所代表的利益，做社会经济的分析。而《论犹太人问题》和《〈黑格尔法哲学批判〉导言》同处于马克思宗教观的第三个阶段。马克思在这一阶段中将批判宗教的主要矛头指向宗教集合体，指出如果人们认为从政治角度处理宗教上的分歧就能基本消除宗教的危险性，这是一个错误的想法，因为一旦"宗教在政治领域被废黜，尽管它在政治领域不再起作用，可是它的精神仍旧继续在经济或市民的生活中表现出来"①。

（2）认为相比于《论犹太人问题》,《〈黑格尔法哲学批判〉导言》对于把握马克思的宗教思想来说是一个更好的文本。科尔纽认为，相比于《论犹太人问题》，马克思在《〈黑格尔法哲学批判〉导言》中断言，费尔巴哈所彻底进行的宗教批判，是人类解放的前提。但是要做到这点，单像费尔巴哈所设想的那样去摧毁宗教幻想是不够的，应该回到现实社会中去改变产生这种幻想的社会关系。如果说社会产生了宗教即颠倒了的世界观，那么这种情况之所以会发生，是因为社会原本就是一个颠倒了的世界。也就是说在现代世界中，人的本质没有现实性，而人的需要是得不到满足的。因此，"反对宗教和反对虚幻幸福的诺言的斗争，实际上就是对那种需要幻想的制度的批判和扬弃。当宗教的自我异化通过摧毁关于彼岸世界的幻想而从理论上被消灭以后，就应该消灭此岸世界的现实的自我异化。于是，对天国的批判就变成对尘世的批判；对宗教的批判就变成对法的批判；对神学的批判就变成

---

① ［英］特雷弗·林:《马克思与宗教》，怡思译，载《现代外国哲学社会科学文摘》1983年第2期。

对政治的批判"①。罗兰·博尔在《马克思主义与宗教》中也认为从马克思《〈黑格尔法哲学批判〉导言》的几个著名段落中,我们可以看到马克思关于德国的宗教批判得出了十分彻底的论断,具体表现为:对神学的批判将变成对政治的批判,对天国的批判将变成对世俗世界的批判,以及宗教是现世理论,是"人民的鸦片"。②

(3)认为马克思这一时期的宗教观深受费尔巴哈《关于哲学改革的临时纲要》的影响。苏联学者M.R.科瓦尔宗认为,马克思在从唯心主义向唯物主义的全部转变中,费尔巴哈的著作无疑产生了一定的影响。费尔巴哈在《临时纲要》中所提出的批判黑格尔的方法,就是揭露现实在黑格尔哲学中遭到的神秘化,马克思批判黑格尔的法哲学也利用了这种方法。不过,尽管马克思采用了费尔巴哈的方法,也不能把马克思与费尔巴哈的思维方法简单等同,因为马克思曾公开表示费尔巴哈强调自然太多

---

① [法]奥古尔特·科尔纽:《马克思恩格斯传》第1卷,刘磊等译,生活·读书·新知三联书店1963年版,第613—614页。
② [英]罗兰·博尔:《马克思与宗教》,徐跃勤等译,载《国外理论动态》2009年第12期。

而强调政治太少。而且《论犹太人问题》正是马克思探究政治的一个切入口。①

（4）马克思已经不满足宗教批判，他的目的是要挖掘宗教产生的根源。艾伦·布坎南认为，宗教本身就是一种异化，马克思从这种异化看到了政治本身也是一种异化，而政治本身的异化正昭示着市民社会是产生这种异化的源头，从而认为政治解放不能达到真正的人类解放，人类只有走出市民社会，才能实现人的解放。此外，"政治解放是个体为现代自由国家所确认的解放，而马克思相信全部的自由只有在国家消亡后的共产主义才能实现"②。确实，在宗教批判方面，马克思比鲍威尔看得更为深远。在他看来，宗教并不是市民社会的重要因素，比宗教更为重要的是资本主义的生产方式。

与西方学者相比，中国学者更偏向于从《论犹太人问题》文本本身去探讨马克思的宗教观，而且近年来中国国内关于马克思宗教观的研究日趋增

---

① 中共中央马克思、恩格斯、列宁、斯大林著作编译局编：《马列主义研究资料》第1辑，人民出版社1985年版，第58页。
② ［美］艾伦·布坎南：《马克思与正义》，林进平译，人民出版社2013年版，第78—79页。

加，①研究不断深入，研究观点和研究方法也呈现相对多元化的趋势。

首先在研究方法上，不仅注重从整体性和相关性的维度去解读马克思的宗教思想，还注重比较方法。比如，胡键在《马克思宗教批判的逻辑演进》中就认为"马克思的宗教批判不是碎片化的思想"，应该梳理其宗教批判的内在逻辑关系和逻辑过程。对此，他沿着"宗教批判——阶级对立——政治国家批判——市民社会批判"的脉络，分析了马克思宗教批判的逻辑演进过程。②在作者的整个分析过程中，把《论犹太人问题》《马克思论费尔巴哈》《〈黑格尔法哲学批判〉导言》《1844年经济学哲学手稿》《共产党宣言》等文本结合起来进行解读，这可以说是注重整体性和相关性的一种表现。聂锦芳

---

① "在改革开放之前，国内几乎没有关于马克思宗教思想的研究性文章。2004年之后，中国学界研究、介绍马克思主义（包括马克思）宗教思想的著作就将近有30部，其中专门研究马克思、恩格斯宗教思想的专著也近10部。而一般说来，介绍马克思宗教思想特别是其早期宗教思想的著作和文章大都会谈及马克思在《论犹太人问题》中的宗教思想，因此，从2004年以来，中国国内学界对马克思在《论犹太人问题》中宗教观的研究和分析也在不断增多。"参见林进平著：《马克思〈论犹太人问题〉研究读本》，中央编译出版社2016年版，第105页。
② 胡键：《马克思宗教观批判的逻辑演进》，载《华东师范大学学报》（哲学社会科学版）2018年第3期。

在《再论"犹太人问题"——重提马克思早期思想演变中的一桩"公案"》里采用了比较方法,但他认为在马克思和青年黑格尔派的比较中,学界很容易突显马克思的地位和作用,从而弱化甚至掩盖青年黑格尔派的地位和作用。①

在研究内容上,则涵盖国家、宗教、市民社会、现代性等多重视角,比如从现代性视角考察马克思对宗教的批判,认为马克思通过对《论犹太人问题》中的宗教考察与批判预见到了宗教在现代世界中的普遍处境,并进而把握住了现代国家的本质和命运。在《木偶与侏儒——马克思与基督宗教"联手"面对当代资本主义》中,曾庆豹以"神学批判的进路"认为马克思对资本主义的分析与批判"不仅是历史的,也是哲学的,更是神学的",甚至可以说"神学批判乃是任何批判的先决条件"。②虽然马克思也曾在《论犹太人问题》中表达反对"把世俗问题化为神学问题"③,但作者通过对《论犹太

---

① 聂锦芳:《再论"犹太人问题"——重提马克思早期思想演变中的一桩"公案"》,载《现代哲学》2013年第6期。
② 曾庆豹:《木偶与侏儒——马克思与基督宗教"联手"面对当代资本主义》,载《现代哲学》2011年第1期。
③ 《马克思恩格斯全集》第3卷,人民出版社2002年版,第169页。

人问题》《资本论》等文本进行分析发现,"当神学作为一种深层的批判,其目的即是要洞悉到当代社会的本质,即资本主义是如何取代基督教而成为宗教"①。作者进一步认为,因为资本主义已经成为世俗化了的宗教,"当代的商品消费明显带有神学的性质,因此传统以唯物或唯心的框架予以分析或认识的方法已略显不足"②,只有采用神学批判的方法才能真正了解当代国家的本质。

张双利以《论犹太人问题》为核心文本,对马克思早年的宗教批判思想进行了重新梳理。作者指出,在扬弃宗教的问题上,马克思与黑格尔及青年黑格尔派思想家们之间的根本区别在于,他们对现代国家在扬弃宗教的道路上的意义有完全不同的判断。马克思通过对特殊的"犹太人问题"进行考察而把握住了现代国家的本质与命运。关于现代国家的本质,那就是现代国家在双重意义上具有"基督教的性质",而关于其命运,作者认为马克思明确地洞见到现代国家必将被代表着市民社会的原则的实际的犹太教所战胜。可以说,"在扬弃宗教的道

---

①② 曾庆豹:《木偶与侏儒——马克思与基督宗教"联手"面对当代资本主义》,载《现代哲学》2011年第1期。

路上，马克思在总体上依然坚持着黑格尔的用哲学来扬弃宗教的道路。而在国家和宗教的关系上，与青年黑格尔的过于激进相比，马克思也更接近于黑格尔的立场，但其立场又与黑格尔根本不同。他通过考虑犹太人和现代国家之间的关系，得出的结论是世俗的犹太教将成为统治一切的原则"①。而且，马克思还在市民社会的领域中揭示出了又一层宗教关系，即人与货币之间的宗教关系。"在市民社会的领域内，金钱拜物教将必然地挤压掉抽象的宗教，而抽象宗教的精神的衰落又必将带来现代国家的衰落。在这个意义上，世俗的犹太教必将彻底战胜基督教。"②因此，作者认为《论犹太人问题》一文最重要的意义就在于，它透过对犹太人命运的考察，深刻地把握住了现代国家的命运和宗教在现代世界中的实际处境。

在《从政治批判到经济批判：马克思早期宗教批判思想内在逻辑研究》中，吴倬和王良滨认为

---

① 张双利:《再论马克思的扬弃宗教的道路——从"论犹太人问题"谈起》，载《马克思主义与现实》2012年第6期。
② 张双利:《再论马克思的扬弃宗教的道路——从"论犹太人问题"谈起》，载《马克思主义与现实》2012年第6期。

在马克思早期的宗教批判中,"认为国家的政治解放虽然把宗教放逐到世俗生活中,但并没有使宗教信徒获得解放和自由"①。之后,随着马克思开始从"生产与实践出发重释国家和人的本质,对宗教的批判也从对影响宗教的世俗政治力量延伸到经济领域",从"对青年黑格尔派的抽象人的批判"转向了"对代表私人利益的市民经济异化的批判"②,从而逐步形成了马克思唯物主义宗教观。

林进平通过整理、分析西方学者对《论犹太人问题》的宗教思想和犹太教、基督教在塑造市民社会中的作用,认为"在如何看待基督教、犹太教在塑造市民社会中的作用,如何看待宗教批判的地位和作用,乃至理解马克思与鲍威尔的根本分歧来说,《论犹太人问题》这一文本都有其独特的意义"③。因为相比于鲍威尔仅仅从宗教批判切入对国家的批判,马克思在这个文本中已经将宗教批判上升到了市民社会批判,从而触及了"当代的普遍问

---

①② 吴倬、王良滨:《从政治批判到经济批判:马克思早期宗教批判思想内在逻辑研究》,载《教学与研究》2013年第3期。
③ 林进平:《马克思如何看待宗教批判——基于对〈论犹太人问题〉的解读》,载《马克思主义与现实》2015年第5期。

题"。"马克思选择了优先切入市民社会的路径,而对于政治国家则有待他对市民社会进行清楚的揭示之后才回过头来剖析政治国家。"① 而在市民社会,是生产、贸易这些物质要素而不是宗教起真正的支配作用。总之,马克思选择从社会生产的角度去解读"犹太人问题",这无疑提供了一条试图跳出宗教框框而去解决问题的崭新思路。

从人类解放的角度解读马克思对宗教的批判也是当代学者经常会选择的一个研究角度,比如张倩红在《从〈论犹太人问题〉看马克思的世界观》中认为马克思以犹太人为例来论证宗教是自我意识的异化,把人的本质的复归作为人类获得解放的前提与条件。但后来随着唯物史观的形成及对一系列问题的认识的深化,马克思也认识到了仅仅把宗教看作自我意识的异化是远远不够,不能真正解决问题的。他开始"从工业及交往关系中思索宗教问题,并进一步指出人类从宗教奴役中求得解放必须依赖物质资料的发达程度,依赖于人类的实际能力及对

---

① 林进平:《马克思如何看待宗教批判——基于对〈论犹太人问题〉的解读》,载《马克思主义与现实》2015年第5期。

历史运动的认识能力的提高"①。徐长福在《马克思的宗教观及其省思》中明确认为政治解放不足以消除宗教赖以生存的基础,只有人类解放由于其"实质就在于把整个人类社会从自私自利的资本主义金钱关系中解放出来,从私有财产制度中解放出来,使每一个人都能作为真正平等自由的一员跟所有其他社会成员共同掌握社会的生产生活资料和社会联系",也"只有这样的世俗生活状态才会使宗教彻底失去其存在的基础"。②

不同于徐长福的观点,张亚君、杨楹在《论马克思政治解放视域中的"宗教问题"——马克思〈论犹太人问题〉的解读》中将宗教问题放在马克思《论犹太人问题》的政治解放视域下来进行探讨,力图通过宗教解放和政治解放这二者之间的关系进行相应的梳理,并结合近代政教分离这一历史现象展开论述,从而证实了宗教解放并不是纯粹的宗教问题,而是终归要走向政治解放,通过政治解

---

① 张倩红:《从〈论犹太人问题〉看马克思的世界观》,载《世界历史》2004年第6期。
② 徐长福:《马克思的宗教观及其省思》,载《马克思主义哲学研究》2006年。

放来给予公民以宗教信仰自由。而"政治解放本身并不是人的解放,它只是人的解放过程中的一个必经阶段,而存在于政治解放与人类解放之中的宗教,只是现实社会中的一种观念形态,其前途和命运也只有随着人类解放事业前进的步伐而逐渐呈现出来"①。

也有学者从青年黑格尔派的比较视角解读马克思的宗教思想,比如在《马克思哲学革命的宗教批判维度——鲍威尔的"宗教异化论"浅析》中,卜祥记认为"作为鲍威尔宗教批判重要组成部分的'宗教异化论'源自黑格尔的'不幸意识',最为鲜明地体现了鲍威尔宗教批判的锋芒,与费尔巴哈的宗教批判一起构成马克思由宗教批判向政治、社会批判过渡的理论前提"②。

此外,还有学者指出马克思在《论犹太人问题》中的宗教批判具有一定的理论价值,比如王志军、刘玉东在《论马克思宗教批判的理论与现实意义》

---

① 张亚君、杨楹:《论马克思政治解放视域中的"宗教问题"——马克思〈论犹太人问题〉的解读》,载《华侨大学学报》(哲学社会科学版)2008年第4期。
② 卜祥记:《马克思哲学革命的宗教批判维度——鲍威尔的"宗教异化论"浅析》,载《求索》2004年第3期。

中通过对《关于费尔巴哈的提纲》《论犹太人问题》等文本的分析,认为"宗教批判是马克思全部理论活动的起点,正是对宗教异化的批判才导致对其他异化的批判,也是他摆脱传统宗教观念的束缚、探索新真理、建立新世界观的起点"。并且,"马克思的宗教批判已经完全超越了西方哲学对宗教批判所一直遵循的理性主义传统,通过对政治经济学所揭示的人类物质资料的生产方式的扬弃,从单纯的理性思辨走向了宽广的现实世界"①。

张宪在《马克思的宗教批判与当代基督宗教人文主义——兼论宗教异化和异化的消除》中认为,在《论犹太人问题》中,马克思"已经明显地把犹太人解放问题与对宗教的批判联系起来考察"②。马克思批判了鲍威尔论述的狭隘性,而其"关于人类解放的思想,今天也得到了基督宗教解放神学家们的认同,极大地鼓舞了他们为争取穷人的利益而作的斗争努力"。并且,作者相信,"马克思的宗教批

---

① 王志军、刘玉东:《论马克思宗教批判的理论与现实意义》,载《理论探讨》2004年第6期。
② 张宪:《马克思的宗教批判与当代基督宗教人文主义——兼论宗教异化和异化的消除》,载《现代哲学》2005年第3期。

判思想和基督宗教的人文主义可以相互补充,基督徒和马克思主义者完全可以携手合作",共同"反对现代资本和技术对人的操控、反对极权、争取自由、正义社会和实现人类解放的斗争"。①

在《马克思宗教批判的双重使命》中,白刚、张荣艳认为马克思在《论犹太人问题》中阐释了宗教的双重含义:"一是意识形态或思想领域人在'神圣形象'中的自我异化问题,另一是现实世界或世俗领域人在'非神圣形象'中的自我异化问题。"②并且,这双重含义紧密相关。在此基础上,马克思强调"宗教在本质上就是人在思想领域的'神圣形象'和世俗领域的'非神圣形象'中的双重'自我异化'"。通过"针对宗教是人的双重自我异化本质,马克思展开了对宗教的双重批判",并最终揭示出了资本逻辑的秘密,"把人的世界和人的关系还给了人自己"。③

龙群在《马克思在〈论犹太人问题〉中的宗教

---

① 张宪:《马克思的宗教批判与当代基督宗教人文主义——兼论宗教异化和异化的消除》,载《现代哲学》2005年第3期。
②③ 白刚、张荣艳:《马克思宗教批判的双重使命》,载《社会科学研究》2006年第6期。

观阐释》中认为马克思的宗教理论对我国宗教政策的制定与实施具有一定的指导意义。其以《论犹太人问题》为基础文本，围绕马克思对鲍威尔宗教观的辩证性批判与分析，从宗教起源、宗教特性和宗教解放三个方面阐述了马克思的宗教观，认为马克思的宗教观可以为我国新疆地区的宗教工作提供指导与借鉴。总之，"研究马克思的宗教观对于引导宗教与社会主义社会相适应以及维护民族团结具有重要的方法论意义"[①]。

6. 人类解放

人类解放是马克思毕生追求的价值目标。在《论犹太人问题》中，马克思从犹太人解放谈及了人类解放，在马克思思想发展史上具有十分重要的意义。因此人类解放也一直是国内外学术界研究的热点问题。关于对《论犹太人问题》文本的"人类解放"这个角度的解读，各出版社出版的《马克思传》《马克思思想史》等的论述主要集中于政治解放与人类解放的区别，而对政治解放与人类解放的进一步详细解读则主要见于各类期刊中。

---

① 龙群:《马克思在〈论犹太人问题〉中的宗教观阐释》，载《宗教学研究》2018年第4期。

彼·费多谢耶夫在《卡尔·马克思》中论述了政治解放与人类解放的区别。马克思认为，政治解放就是宣布在资产阶级社会革命过程中实现的资产阶级民主自由。当然，马克思在承认政治解放的重大意义时，也看到了它的局限性。针对政治解放，马克思提出了关于人的解放的原理，即人从现代世俗社会的弊病中解放出来，消灭实际的不平等、压迫。作者认为"马克思的这些论述实质上已经初步勾画了关于根本改造市民社会的基础和建立人们的真正的共同体的社会主义革命的思想"①。陈先达、靳辉明在《马克思早期思想研究》中也持相同的观点，他们认为虽然在《论犹太人问题》中马克思虽然还是不成熟的，但他看到了政治解放和人类解放的区别。"同《莱茵报》时期着重于破，即批判空想社会主义相比，马克思在这里已经开始论述自己关于社会主义革命的重要设想，这是一个重大发展。"②

---

① ［苏］彼·费多谢耶夫等：《卡尔·马克思》，胡家衡等译，生活·读书·新知三联书店1980年版，第47—48页。
② 陈先达、靳辉明：《马克思早期思想研究》，北京出版社1983年版，第102—105页。

麦克莱伦在《马克思思想导论》中进一步提出在对鲍威尔的第二篇文章所做的评论中，马克思利用犹太教的双重意义，发现犹太教植根于商业精神中，尤其植根于对金钱的重视。这使得他第一次勾画出异化劳动理论，而这个理论将成为他的思想核心。作者认为，马克思在对鲍威尔的观点进行分析的过程中，其已经从政治领域转入他后来认为最基本的领域，即经济领域。尽管他宣布了人类彻底解放的目标，但是他仍然不得不确认实现这种目标的手段。①

关于政治解放的思想、意义及其与人类解放的关系，我国学者之后进行了更进一步的解读，且侧重点有所不同。一部分学者从尊重马克思文本的精神出发，试图全面、客观、历史地论述政治解放的进步意义、局限性、与人类解放的关系等。如叶向平就直接扼要地指出，马克思在《论犹太人问题》"这篇文章中，通过对政治解放和宗教的关系、政治解放和人类解放的关系等一系列重大问题的探讨，阐述了政治解放的进步意义及其阶级局

---

① ［英］戴维·麦克莱伦.《马克思思想导论》，郑明等译，中国人民大学出版社2008年版，第21—23页。

限性"①。

徐俊忠在《"人权理想国"的解构——马克思"德法年鉴"时期对"人权宣言"的批判》中对政治解放的进步意义和局限性做了较为充分的论述。他从人权的角度,详细分析了近代资产阶级革命所带来的政治解放有两大积极成果:一是打破了封建主义国家的专制权力;一是"摧毁一切等级、工会、行帮和特权","消灭了市民社会的政治性质","粉碎了束缚市民社会利己主义精神的羁绊",②使市民社会获得了自由的发展。但是,政治解放虽然"宣言了人权的要求,在形式上,它也体现出具有普适性的特点,但是人要真正享有这些人权,必须拥有实现这些人权所要求的条件。否则,这种人权依然是形同虚设。……而这在实际上是不可能的"。因此,这样的"政治解放只能是符合资产阶级地位的人的解放","而不是像其名称所宣示的那样,是

---

① 叶向平:《政治解放的进步意义及其阶级局限性——学习马克思〈论犹太人问题〉兼与杨明等同志商榷》,载《福建论坛》(文史哲版)1987年第5期。
② 徐俊忠:《"人权理想国"的解构——马克思"德法年鉴"时期对"人权宣言"的批判》,载《哲学研究》1992年第2期。

适合于一切时代的一切人的权利"。①

陈宇宙的观点和徐俊忠大同小异,他认为马克思在《论犹太人问题》中"肯定了政治解放的进步意义,同时也指出了它的局限性。正是通过对政治解放的批判,马克思得出了必须从政治解放进展到人类解放的结论"②。在《马克思现代性批判的先导——读〈论犹太人问题〉》中,杨晓平也认为马克思在《论犹太人问题》这篇檄文中"首次对现代的政治解放、启蒙原则和市民社会做了全面批判,指出政治解放由于未能也不可能消灭自己的前提,即私有财产和宗教等,因此不是彻底的人类解放"③。

付子堂在《马克思对现代人权理论的贡献——基于〈论犹太人问题〉的分析》中从人权理论的角度,也认为马克思在《论犹太人问题》中指出了政治解放虽然打倒了"以身份为基础的封建主义,摧

---

① 徐俊忠:《"人权理想国"的解构——马克思"德法年鉴"时期对"人权宣言"的批判》,载《哲学研究》1992年第2期。
② 陈宇宙:《马克思对"解放"理论批判本性的科学解释》,载《山西师大学报》(社会科学版)2009年第4期。
③ 杨晓平:《马克思现代性批判的先导——读〈论犹太人问题〉》,载《探索》2011年第3期。

毁一切特权、工会、等级","摧毁了赋予特定市民活动与市民地位以普遍性质的挞挞",但其也存在局限性,区别于人类解放。"作为政治解放的成果,人权也因为受制于政治解放本身的局限而体现出两面性。一方面,人权击碎封建等级的枷锁而还个体以自由和平等;另一方面,人权使个体囿于自己的自私自利而损害着政治国家的完整性。"①

在《马克思哲学新的启程——从〈《黑格尔法哲学批判》导言〉和〈论犹太人问题〉看马克思思想转变》中,柳博也认为"政治解放虽然是一大进步,但不能消除人的实际的宗教笃诚,国家从宗教中解放出来,只是国家对宗教的超越,并不等于现实的人从宗教中解放出来,更不能实现普遍的人的解放"②。因此,政治解放存在问题,"'犹太人问题'的解决还必须从'人的解放'进一步推进到'人类解放'"③。只是作者在通过文本分析后认为,马克思虽然讨论了政治解放和人类解放的关系,却没有

---

① 付子堂:《马克思对现代人权理论的贡献——基于〈论犹太人问题〉的分析》,载《求是学刊》2012年第6期。
②③ 柳博:《马克思哲学新的起程——从〈《黑格尔法哲学批判》导言〉和〈论犹太人问题〉看马克思思想转变》,载《吉首大学学报》(社会科学版)2019年第3期。

给出确切的解放的方案。

李彬彬在《人的自我异化及其解放路径——〈论犹太人问题〉的文本学研究》中从人的自我异化的角度出发探讨了社会解放。李彬彬认为马克思把犹太人问题从神学问题看成了社会历史问题,并且观察到了市民社会中的异化表现为,"崇尚金钱与货币的犹太精神成为现代社会所有成员的精神。货币控制了人,每一个人为了获得货币而把其他人仅仅视为一种'工具'"①。货币的异化导致了人的异化。那么,要消除人的自我异化,消除犹太精神,就是要消灭"人的个体感性存在和类存在矛盾。由于现代政治国家和市民社会的二元对立是人的类生活和个体生活的对立原因,社会解放也就需要重建一个与之不同的新社会。在那里,人的类生活和个体生活具有同一性,也就是说,市民社会和国家政治达到了同一"②。

在《解放的图景——马克思〈论犹太人问题〉

---

① 李彬彬:《人的自我异化及其解放路径——〈论犹太人问题〉的文本学研究》,载《河南理工大学学报》(社会科学版)2016年第2期。
② 李彬彬:《人的自我异化及其解放路径——〈论犹太人问题〉的文本学研究》,载《河南理工大学学报》(社会科学版)2016年第2期。

如是读》中,陈培永对马克思在《论犹太人问题》中所阐述的"政治解放""人类解放"及两者的相互关系进行了详细解读。作者认为,《论犹太人问题》是马克思所有文本中"最系统阐述解放问题的文本,是理解解放问题的理论源泉"①。在详细辨识解放问题的基础上,作者论述了政治解放的五个使命,分别是:"政治解放首先表现为政治国家自身的解放"②;国家成为真正意义上的国家,"人们不再将美好的愿望寄托于宗教上,而是寄希望于自己的国家上"③;在政治国家中,每个人在政治领域拥有了公民权利;"政治解放还表现为市民社会从政治国家中分离出来,成为相对独立的领域"④;政治解放虽然有巨大的进步性,但"政治解放还只是作为人的解放的一个阶段,它还不是彻头彻尾的、没有

---

① 陈培永:《解放的图景——马克思〈论犹太人问题〉如是读》,广东人民出版社2016年版,第4页。
② 陈培永:《解放的图景——马克思〈论犹太人问题〉如是读》,广东人民出版社2016年版,第24页。
③ 陈培永:《解放的图景——马克思〈论犹太人问题〉如是读》,广东人民出版社2016年版,第32页。
④ 陈培永:《解放的图景——马克思〈论犹太人问题〉如是读》,广东人民出版社2016年版,第39页。

人的矛盾的人的解放"①。此外,作者阐述了追求人的解放的具体途径,如要使人从宗教中完全解放出来、要消解"公人"与"私人"的对立、要追求实质权利和形式权利的统一,等等。

相较于叶向平、徐忠俊、付子堂等人试图阐述政治解放的进步意义和局限性来说,一些学者则是在"人类解放的近乎'终极'的尺度下来观照政治解放,在这种观照之下,政治解放被彰显的更多是其局限性"②。比如麦克莱伦在《马克思》中就专注于马克思对政治解放的批判。在这部著作中,他在介绍"犹太人问题"的背景之后就明确指出了马克思与鲍威尔的分歧所在,即"马克思欢迎鲍威尔对基督教国家的批判,但批评他没有质疑这种国家,因此没能考察政治解放(即对政治权利的承认)和人类解放(人类才能的全面解放)的关系"③。在此之后,麦克莱伦就打断引述马克思对政治解放局

---

① 陈培永:《解放的图景——马克思〈论犹太人问题〉如是读》,广东人民出版社2016年版,第43页。
② 林进平编著:《马克思〈论犹太人问题〉研究读本》,中央编译出版社2016年版,第102页。
③ [英]戴维·麦克莱伦:《马克思》,王珍译,中国人民大学出版社2008年版,第75页。

限性的批判，以及分析人类解放的可能性和途径。"这一部分占了他介绍《论犹太人问题》超过三分之二的篇幅。"①

王锐生在《马克思人权观的几个疑难问题》中认为《论犹太人问题》"主要是从批判资产阶级政治解放的局限性角度谈人权"，"那里所说的人权只是指资产者的权利"②。朱宝信以《论犹太人问题》为基础文本，认为马克思"在深入探讨由社会的二重化和人的本质的二重化所导致的人的权利的二重化的基础上，分析了人的政治解放的局限性"，即政治解放并没有把"异化了的人的世界和人的关系全部归还给人"。"只有人类解放才是解决社会的、人的本质的以及人的权利的二重化的根本道路。"③

李淑梅在《人类解放：消除对政治国家、宗教和金钱的崇拜》中认为现代政治国家与宗教相似，是把人们联结起来的中介。这一中介是必要的，有

---

① 林进平编著：《马克思〈论犹太人问题〉的研究读本》，中央编译出版社2016年版，第76页。
② 王锐生：《马克思人权观的几个疑难问题》，载《哲学动态》1992年第2期。
③ 朱宝信：《人权、公民权与政治解放和人类解放——马克思〈论犹太人问题〉研究》，载《江苏社会科学》1993年第5期。

历史进步的意义，但它只是在政治上废除了宗教，而不能在实际生活中消除人们的宗教信仰，不能克服利己主义和金钱崇拜。作者认为"只有根本变革市民社会，消灭私有财产，建立人与人直接联系的共同体，才能克服对政治国家、宗教和金钱的崇拜，才能真正实现人类解放"①。

在《人的解放：对政治解放的批判——马克思〈论犹太人问题〉释义》中，刘汉超认为马克思通过批判鲍威尔的观点而指出了政治解放的局限性。"在马克思看来，政治解放实现的是国家从宗教中解放出来，从政治层面上废除了宗教，人在国家中成为无神论者，但是在私人生活中犹太人和一般人依然信仰宗教，并受到各自宗教的束缚。""马克思认为宗教是一种缺陷性的存在，并且这样一种缺陷性的根源只能到现实的世俗局限中寻求。"②通过从两个向度对民主制国家展开批判，作者认为马克思抓住了矛盾的总源头即市民社会，"对其中盛行的

---

① 李淑梅：《人类解放：消除对政治国家、宗教和金钱的崇拜——读马克思的〈论犹太人问题〉》，载《学习与探索》2010年第4期。
② 刘汉超：《人的解放：对政治解放的批判——马克思〈论犹太人问题〉释义》，载《晋阳学刊》2018年第3期。

金钱拜物教进行了批判,并隐微地导引和触摸到了实现人的彻底解放的出路和锁钥"①。

艾四林和柯萌在《"政治国家"为何不能真正实现人的解放——关于〈论犹太人问题〉中马克思与鲍威尔思想分歧再探讨》中进一步指出,鲍威尔和马克思一样,都追求实现普遍的人的解放。两者的本质区别在于:"鲍威尔把消灭宗教视为人的解放的前提,在他看来,在政治层面废除了宗教统治就是宗教的完全废除,也就是说,他把人的解放归结为政治解放及现代国家的实现;马克思则认为,政治解放在制度层面确立了现代自由国家的同时,也造成了国家与市民社会的分离,带来了市民社会和现代人的异化,这意味着现代国家只能完成抽象的公民解放,并不能真正克服市民社会的世俗矛盾和人的异化生存状态。"②在此基础上,马克思转向了对市民社会的研究,探索了能真正实现人的自由的现实路径。

---

① 刘汉超:《人的解放:对政治解放的批判——马克思〈论犹太人问题〉释义》,载《晋阳学刊》2018年第3期。
② 艾四林、柯萌:《"政治国家"为何不能真正实现人的解放——关于〈论犹太人问题〉中马克思与鲍威尔思想分歧再探讨》,载《马克思主义与现实》2018年第5期。

除了探讨政治解放的思想、意义以及与人类解放的关系，还有部分学者主要论述了政治解放的思想对于现当代中国的价值或意义，或侧重于马克思政治解放批判的"当代性价值"，或侧重于"阐发马克思关于政治解放的肯定性论述，以便为中国的市场经济的政治条件和政治文明建设服务"[①]。侯小丰、邹诗鹏、胡兴建等学者就比较侧重于马克思政治解放批判的"当代性价值"，他们倾向于认为，"宗教问题源于政治解放本身的不彻底性，而政治解放本身的不彻底性和局限性则源于政治国家和市民社会的分离和矛盾，或更为根本地说是来自市民社会本身的局限性，因而马克思的主张是要求人类应经由政治解放通向对社会生活本身的批判而走向人类解放，认为这就是当代人的问题或困境"[②]。展开来看：

胡兴建在《马克思法律思想的批判指向——以〈论犹太人问题〉为分析对象》中认为，马克思在《论犹太人问题》中的"问题意识与整个西方思想史上的诸多重要问题密切相关，它是整个政教之争

[①][②] 林进平编著：《马克思〈论犹太人问题〉研究读本》，中央编译出版社2016年版，第103页。

的延续,更是现代人之追求的内在逻辑"[①]。作者认为马克思在这篇著作中精辟论述了政治解放的局限性,"即在人的解放成为现实以前,人自身永远存在着'现实的个人'与'抽象的公民'之间的内在分裂"。而且通过对这篇著作的文本分析,作者强调我国依然处于社会主义初级阶段,"'人的解放'还远未实现,人自身还仍然是一个矛盾的统一体,该矛盾与刚实现政治解放的现代社会有诸多切合之处"[②]。因此,马克思对政治解放局限性的论述对我国依然具有一定的指导意义。

侯小丰从自由的角度探讨了马克思关于人类解放的伟大构想。作者指出马克思通过对德国现实状况的细致分析,为我们呈现出了一条清晰的人类解放的逻辑进路。以自由为视角,宗教解放和政治解放都只是人的自由的初步实现。"从克服宗教狭隘性的视角上看,马克思是在自由的终极意义上提出人类解放这个命题的,它同时也是一个具有超越性的实践问题。马克思的人类解放需要完成两个超越:社会制度设计上,超越以剥削和占有他人劳动

[①][②] 胡兴建:《马克思法律思想的批判指向——以〈论犹太人问题〉为分析对象》,载《北方法学》2008年第5期。

为核心的资本主义制度；思想观念上，超越有着几千年文明史的私有财产观念。"①总之，马克思的人类解放观不仅超越了资产阶级自由观，还超越了人类有史以来的私有财产观念。他在《论犹太人问题》中对自由的重新诠释无疑为我们提供了一个能够消除现代性弊端的全新思路。

刘晨光也从自由的角度对人类解放进行了解读，不过他更为明确地指出马克思在《论犹太人问题》时期属于他自由观的形成时期。在《论犹太人问题》中，马克思认为政治解放并不能帮助人们获得自由，并且在基督教国家还充斥着人的异化现象。马克思指出，人们有权利保持信仰宗教的自由。但是，"在市民社会中，人并没有从宗教中解放出来却取得宗教自由，并没有从财产中解放出来却取得财产自由，没有从行业的利己主义解放出来却取得行业自由。于是，政治人成了抽象的人，利己主义的人才是现实的人。在这种情况下，马克思仍然希望抽象的自由能够落到实处，或具有现实性。而现实的个人应该扬弃世俗之气，成为真正自由的

---

① 侯小丰：《"人类自由何以实现"与马克思人类解放思想的逻辑进路》，载《浙江学刊》2010年第4期。

人"①。这才是马克思所认为的真正的人类解放,把人的世界和人的关系都还给人们自己。

不同于认为马克思重在批判政治解放、追求人类解放的上述学者,阎孟伟、杨楹、张亚君、吴苑华等学者"试图转换马克思在《论犹太人问题》中对政治解放的解构为建构,阐发马克思关于政治解放的肯定性论述,以便为中国的市场经济的政治条件和政治文明建设服务"②。比如在《马克思的解放理论及其对我们的启示——兼论当代中国政治文明建设》中,阎孟伟就认为在《论犹太人问题》中,马克思把人的解放过程分为"政治解放"和"人类解放"两个阶段,并对"政治解放"的内涵进行了较为系统的阐述。以往不管是在理论上还是实践上,我们都更重视"人类解放"理论,而忽视了"政治解放"理论的重要性与价值,仅把其理解为"已经过时了的资产阶级革命的范畴"。"然而,当我们今天审慎地思考社会主义市场经济条件下中国

---

① 刘晨光:《马克思自由思想的发展历程》,载《中共中央党校学报》2014年第3期。
② 林进平编著:《马克思〈论犹太人问题〉研究读本》,中央编译出版社2016年版,第103页。

政治文明建设时，最需要特别主要的恰恰应该是马克思关于'政治解放'的基本观念和理论。"[1]只有充分理解、运用政治解放本身所具有的矛盾性和局限性，我们才能完善社会主义市场经济体系，真正朝着人类解放的目标前进。阎孟伟在他的另一篇文章《政治解放与当代中国市场取向的改革——再论当代中国政治文明建设》中进一步论述了他之前的观点："政治解放本质上是市场经济发展的客观要求，也是人类解放不可逾越的历史阶段。"[2]因此，"当代中国政治文明建设的基本内涵是：在社会主义条件下，为完善社会主义市场经济和社会主义民主政治而推进并完成马克思所阐释的'政治解放'，并在此基础上不断为'人类解放'创造条件"[3]。

在这点上，杨楹走得更远。在《走向现实的人道主义——对马克思〈论犹太人问题〉"宽容"理念的审视》中，他和吴苑华认为，依据马克思的分析和见解，"犹太人解放不只是'宗教解放'，根本在

---

[1][2] 阎孟伟：《马克思的解放理论及其对我们的启示——兼论当代中国政治文明建设》，载《教学与研究》2006年第12期。
[3] 阎孟伟：《政治解放与当代中国市场取向的改革——再论当代中国政治文明建设》，载《教学与研究》2008年第1期。

于犹太人的'政治解放',即实现德国犹太人享有'人'的公民人权"。在"犹太人问题"上,马克思持有一种"现实的和'宽容'的人道主义"①。在另一篇文章中,他和张亚君进一步认为马克思所阐述的"犹太人的解放并不是简单的从宗教中解放出来,最根本的还是要进行'政治解放'"。虽然"政治解放本身并不是人的解放,它只是人的解放过程中的一个必经阶段",但其在马克思主义理论与实践发展过程中的"重要地位及巨大作用是不可磨灭的"。②应该说,杨楹等人的解读强调了马克思对政治解放的肯定,具有较强的现实指向与意义,"但认为马克思在《论犹太人问题》的根本诉求是政治解放,却是忽视了马克思对人权和政治解放的局限性的揭示,容易遮蔽马克思在《论犹太人问题》中所表述的真实思想"③。

---

① 吴苑华、杨楹:《走向现实的人道主义——对马克思〈论犹太人问题〉"宽容"理念的审视》,载《华侨大学学报》(哲学社会科学版) 2006年第2期。
② 张亚君、杨楹:《论马克思政治解放视域中的"宗教问题"——马克思〈论犹太人问题〉的解读》,载《华侨大学学报》(哲学社会科学版) 2008年第4期。
③ 林进平编著:《马克思〈论犹太人问题〉研究读本》,中央编译出版社2016年版,第104页。

此外，关于是否可以用"人类解放"来概括马克思的思想，聂锦芳和阎孟伟持有不同的意见。聂锦芳在《再论"犹太人问题"——重提马克思早期思想演变中的一桩"公案"》中认为政治解放具有两方面的后果：一方面把人归结为市民社会的成员，归结为利己的、独立的个体；另一方面又把人归结为公民，归结为法人。而"只有当'现实的个人'把抽象的公民复归于自身，并且作为个人，在自己的经验生活、自己的个体劳动、自己的个体关系中间，成为类存在物的时候；只有当人认识到自身'固有的力量'是社会力量，并把这种力量组织起来因而不再把社会力量以政治力量的形式同自身分离的时候；只有到了那个时候，'人的解放'才能完成"①。作者认为尽管后来马克思的思想发生过变化，但这一观点始终坚持着，并不遗余力地予以强调、深化和推进。但长期以来，作者认为马克思的上述思想并没有得到国内学界的理解，直到现在，绝大多数学者仍然把马克思关于人的解放的思想错误地解释为"人类解放"。

---

① 聂锦芳，《再论"犹太人问题"——重提马克思早期思想演变中的一桩"公案"》，载《现代哲学》2013年第6期。

而关于聂锦芳不赞同用"人类解放"来概括马克思的思想,阎孟伟在《完整理解马克思的人的解放理论——马克思〈论犹太人问题〉的再解读》中认为这种话是需要斟酌的。作者认为,马克思《论犹太人问题》一文的主题是政治解放和人的解放的关系问题,并认为这个主题不是单纯的犹太人问题所能涵盖的。作者通过五个方面的具体分析得出结论,马克思在《论犹太人问题》一文中已经确立了马克思政治哲学理论的基本思路和框架。长期以来,我们对马克思的人的解放理论的理解一直存在一定的偏颇,而且这种偏颇也的确直接影响了我们对当代中国政治实践的理解。作者认为聂锦芳所提出的把马克思的人的解放学说归结为"人类解放"的确是一个误解,误解在于没有完整地理解和把握马克思的人的解放理论,尤其是没有真正领会人的解放是一个从"政治解放"到"普遍的人的解放"的历史过程的思想。而关于聂锦芳不赞同用"人类解放"来概括马克思的思想,作者通过分析认为"普遍的人的解放"或"一般的人的解放"或"人的解放的最后形式"就包含着"人类解放"的含义。在这个意义上,完全可以考虑用更为简洁的

"人类解放"概念来表述马克思所说的"普遍的人的解放"。最后作者强调,"人类解放必然要以政治解放为前提。他认为没有经历完整的政治解放,就不可能实现普遍的人的解放,甚至有可能把'人类解放'变成空泛的、有害于社会主义政治实践的政治口号"[①]。

7.马克思的人权思想

马克思主义人权思想及理论有着十分丰富的内涵,对西方国家和社会主义国家的人权理论和人权实践活动都具有十分深远的意义。但长期以来,马克思主义人权思想及理论一直被人忽视甚至排斥。《论犹太人问题》由于在马克思主义人权思想及理论中占有重要地位,所以具有极高的文本研究价值。由于身份背景、知识构成等方面的因素,西方学者在肯定马克思主义人权观的同时也会持一定的批判态度,而中国学者们虽探讨的角度各有差异,但他们普遍对马克思在《论犹太人问题》中阐发的人权思想持正面肯定的态度。

美国学者科斯塔斯·杜兹纳在其《人权的终结》

---

① 阎孟伟:《完整理解马克思的人的解放理论——马克思〈论犹太人问题〉的再解读》,载《西南大学学报》(社会科学版)2014年第4期。

一书中谈到马克思的人权观时指出:"要理解马克思对人权问题所运用的具体入微的分析方法,我们必须从更宽阔的视野来审视马克思主义思想。最佳的切入点就是马克思早期论文《论犹太人问题》中对法国《人权宣言》的评述。"① 依据《论犹太人问题》,杜兹纳在其书的第七章第二节的"马克思的人权观"中对马克思的人权观做了一个较为系统的介绍,大致可以概括为两点,分别是:"指出马克思人权观的理论基础,即把政治社会与市民社会的分离(或公民与市民的分离)作为他人权观的理论基础;诠释马克思人权批判,充分肯定马克思的人权理论的理论地位。"② 杜兹纳对马克思人权的肯定主要体现在他认为马克思对人权的批判给后来者留下了丰富的理论资源,马克思的著作"对我们理解权利是非常有益的,它促成了许多当代的权利批判,如法律批判研究、女权主义和批判人类学理

---

① [美]科斯塔斯·杜兹纳:《人权的终结》,郭春发译,江苏人民出版社2002年版,第169页。
② 林进平编著:《马克思〈论犹太人问题〉研究读本》,中央编译出版社2016年版,第81页。

论"①。然而，虽然对马克思的人权观给予了充分的肯定，在杜兹纳看来，马克思在《论犹太人问题》中的人权批判不可避免地带有他那个时代的历史局限性，"他对社会'上层建筑'（道德、法律和政治制度）相对贬低和对经济'基础'的过多倚重给人权分析带来了灾难性的影响"②。

在《马克思人权观的几个疑难问题》中，王锐生分析了马克思在《论犹太人问题》中的人权思想及人权规定。在作者看来，这是马克思"第一次从批判资产阶级政治解放的角度谈到人权问题，提出对于人权的规定"③。马克思认为，"资产阶级政治解放把资本主义商品经济作为自己的经济基础。在政治领域里，在法律上，人作为公民有平等的权利。在经济领域里，私有制仍然是利己主义的、孤立的个人。由于经济基础是私有制，所以政治领域的公民权利是抽象的，政治人是抽象的人。而经济领域

---

① ［美］科斯塔斯·杜兹纳：《人权的终结》，郭春发译，江苏人民出版社2002年版，第179页。
② 林进平编著：《马克思〈论犹太人问题〉研究读本》，中央编译出版社2016年版，第83页。
③ 王锐生：《马克思人权观的几个疑难问题》，载《哲学动态》1992年第3期。

里的利己主义个人才是现实的人"①。因此,马克思在《论犹太人问题》中关于人权的规定指的是资产阶级的权利,他也反对这种人权,主张通过人类解放来消灭私有制,从而实现真正的人权。

徐俊忠在《"人权理想国"的建构——马克思"德法年鉴"时期对"人权宣言"的批判》中也认为,资产阶级的政治解放只能是"符合处于资产阶级地位的人的解放。人权作为政治解放的集中要求,也只能是一种呼唤资本主义文明的历史的权利。而不是像其名称所宣示的那样,是适合于一切时代的一切人的权利"。②因此,"在马克思的理论视野中,近代西方的'人权理想国'实质上只能是资本主义文明的要求和反映"。"以这种认识为标志,马克思实际上把人权还原为一种应当被超越的历史权利,并向人类提出了超越资本主义文明的新的价值理想。"③

王江涛认为,"在马克思的政治哲学思想中,对

---

① 王锐生:《马克思人权观的几个疑难问题》,载《哲学动态》1992年第3期。
②③ 徐俊忠:《"人权理想国"的解构——马克思"德法年鉴"时期对"人权宣言"的批判》,载《哲学研究》2000年第4期。

人权的追问是马克思政治哲学探讨的核心内容之一"①。作者通过对《论犹太人问题》《〈黑格尔法哲学批判〉导言》《共产党宣言》《哥达纲领批判》的文本分析,探讨了马克思人权思想的发展历程。其中,在《论犹太人问题》中,马克思通过论述政治解放的局限性,进而指出在政治国家下,"任何一种所谓的人权都没有超出政治共同体分离开来,建立在人与人相分离基础之上的,退守单子的私人利益的作为市民社会成员的利己主义的个人"。"只有当利己的现实的个人和抽象的公民合为一体,成为类存在物,并认识不再把自身的社会力量通过政治力量的形式与己相分离的时候,人的解放才能真正完成。"②而通过对犹太人解放的分析和资产阶级人权观的尖锐批判,马克思也彻底"认清了资产阶级人权观的虚假本质,在资产阶级那里,人权无非是他们保存自己作为单子的个人的私权的工具而已"③。

---

① 王江涛:《试论马克思对人权的追问——从〈论犹太问题〉到〈哥达纲领批判〉》,载《河南工业大学学报》(社会科学版)2011年第1期。
②③ 王江涛:《试论马克思对人权的追问——从〈论犹太问题〉到〈哥达纲领批判〉》,载《河南工业大学学报》(社会科学版)2011年第1期。

付子堂在《马克思对现代人权理论的贡献——基于〈论犹太人问题〉的分析》中明确指出,"作为马克思走向成熟时期的论著,《论犹太人问题》一直被视为其集中论述人权的著作"①。在《论犹太人问题》中,马克思批判了政治解放的局限性,并将政治解放和人类解放明确区分开来。而"作为政治解放的结果,人权也因为受制于政治解放本身的局限而体现出两面性。一方面,人权击碎封建等级的枷锁而还个体以自由和平等;另一方面,人权使个体囿于自己的自私自利而损害着政治国家的完整性"②。作者还认为马克思在这篇文章中对人权的分析"不仅指出了人权在当下的必然,也揭示了当下人权所内含的局限性"③。

在《权利的张力——从〈论犹太人问题〉看马克思的人权观》中,谢江平从权利的角度对马克思在《论犹太人问题》中所体现出来的人权观进行了阐述和分析。作者认为,"人权是一种历史的社会

---

① ② ③ 付子堂:《马克思对现代人权理论的贡献——基于〈论犹太人问题〉的分析》,载《求是学刊》2012年第6期。

的权利，与市民社会和政治国家的区分相呼应"①。在作者看来，马克思将权利分为公民权和人权，并认为"在资本主义社会，由于丧失实现权利的经济社会基础，资产阶级主张的自由、平等等权利对无产阶级而言只是徒有其表，人权其实只是资产阶级的特权"②。因此，马克思主张平等、自由等权利应从政治经济扩张到经济领域，从而使人权能从形式权利转变成真正的实质权利。最后，作者认为，"马克思将人权视为一系列权利的组合，随着社会政治经济需求的不同，人们赋予不同权利组合以不同的权重，这种人权思想体现为一种动态的、后果主义的人权观，使人权真正成为处于弱者地位的被统治者的防御之盾"③。

和谢江平的解读角度有所差异，刘同舫和陈晓斌从分析现代国家解放限度的角度出发，认为"马克思通过剖析'犹太人问题'与现代国家解放限度的关系，深刻阐明了现代社会解决'犹太人问题'的成败得失；通过系统分析市民社会的人权体系，辩证揭示了人权给予个体自由平等与损害现代国家

---

①②③ 谢汀平.《权利的张力——从〈论犹太人问题〉看马克思的人权观》，载《中共天津市委党校学报》2016年第2期。

完整性的双重特性①；通过从世俗和历史眼光审视犹太人、从犹太教与基督教的关系阐述犹太精神，彻底批判了资本主义社会与国家中的'犹太精神'"。在马克思看来，"'犹太人问题'的解决在于实现一种能够消除'高度的经验本质'前提的社会组织，即一种能够消除市民社会的犹太精神的社会组织，这一社会组织必须终结和超越政治解放所建构的'现代国家'"。②

张丽君在《〈论犹太人问题〉的社会主义价值》中将马克思的人权思想和社会主义实践相结合，在作者看来，"《论犹太人问题》论述了封建主义和基督教国家中的人的生存，封建社会的瓦解与宗教解放、政治解放以及人的解放等，这些论述具有重要的启迪意义"③，尤其是具有极其重要的社会主义价

---

① "作为政治解放的成果，人权也因受制于政治解放本身的局限而体现为双重性：人权打碎了封建等级制的枷锁而给予个体以自由和平等；同时，人权也使个体陷入自私自利而损害着现代国家的完整性。"参见刘同舫、陈晓斌：《现代国家的解放限度与历史命运——马克思〈论犹太人问题〉释义》，载《人文杂志》2016年第1期。
② 刘同舫、陈晓斌：《现代国家的解放限度与历史命运——马克思〈论犹太人问题〉释义》，载《人文杂志》2016年第1期。
③ 张丽君：《〈论犹太人问题〉的社会主义价值》，载《社会主义研究》2007年第2期。

值，主要体现为四点，分别是："社会主义应该建立在一种科学的历史观的基础之上，离开了科学的历史观和社会历史的科学分析就没有科学的社会主义"；"社会主义应该坚持'以人为本'"；"社会和谐"是科学社会主义的必然要求；"实现人的价值是社会主义的价值要求，但需要历史地分析"①。

相比于张丽君，李超群在《经典解释与人权正当性的中国证成——以对马克思〈论犹太人问题〉的解读为例》中进一步将马克思在《论犹太人问题》中的人权理论落实到中国实践，认为"《论犹太人问题》是马克思第一次全面、系统分析人权概念的著作，中国学者们对人权概念的认识极大地受到该文的影响"②。在这篇著作中，马克思对人权进行了某种程度的批判。面对这一理论难题，中国学者以实践关怀为基础，"将马克思主义经典论著作为开放的文本系统，有意而为之地进行了文本解

---

① 张丽君：《〈论犹太人问题〉的社会主义价值》，载《社会主义研究》2007年第2期。
② 李超群：《经典解释与人权正当性的中国证成——以对马克思〈论犹太人问题〉的解读为例》，载《云南社会科学》2015年第1期。

构与重构"①。而这一行为的"最为根本的现实目的便是要证成人权在社会主义中国的正当性"②,且这一目的也更多的是由于现实的动因。因此,中国"人权论者们对马克思主义经典文本的建构性解读,使得人权成为马克思主义传统理论的重要部分,由此证明了人权概念的正当性,为中国人权保障的实践提供了理论保障,既使人们可以理直气壮地投身于中国人权的事业,也回应了西方国家对于中国人权问题的诘难"③。

---

①②③ 李超群:《经典解释与人权正当性的中国证成——以对马克思〈论犹太人问题〉的解读为例》,载《云南社会科学》2015年第1期。

参考文献

1. ［英］戴维·麦克莱伦:《马克思传》,王珍译,中国人民大学出版社2008年版。
2. ［英］戴维·麦克莱伦:《马克思思想导论》,郑一明等译,中国人民大学出版社2008年版。
3. ［苏］彼·费多谢耶夫等:《卡尔·马克思》,胡家衡等译,生活·读书·新知三联书店1980年版。
4. ［德］梅林:《马克思传》上册,樊集译,生活·读书·新知三联书店1965年版。
5. ［英］诺曼·所罗门:《当代学术入门:犹太教》,赵晓燕译,辽宁教育出版社1998年版,第12页。
6. ［美］科斯塔斯·杜兹纳:《人权的终结》,郭春发译,江苏人民出版社2002年版。
7. ［法］奥古尔特·科尔纽:《马克思恩格斯传》第1卷,刘磊等译,生活·读书·新知三联书店1963年版。
8. ［美］艾伦·布坎南:《马克思与正义》,林进平译,人民出版社2013年版。
9. ［德］黑格尔:《法哲学原理》,范扬译,商务印书馆1961年版。
10. 《列宁全集》第26卷,人民出版社1988年版。

11.《马克思恩格斯全集》第 3 卷,人民出版社 2002 年版。

12.《马克思恩格斯文集》第 1 卷,人民出版社 2009 年版。

13.《马克思恩格斯文集》第 2 卷,人民出版社 2009 年版。

14. 中共中央马克思恩格斯列宁斯大林著作编译局编:《马列主义研究资料》1985 年第 1 辑,人民出版社 1985 年版。

15. 陈先达、靳辉明:《马克思早期思想研究》,北京出版社 1983 年版。

16. 张倩红:《困顿与再生:犹太文化的现代化》,江苏人民出版社 2003 年版。

17. 陈培永:《解放的图景——马克思〈论犹太人问题〉如是读》,广东人民出版社 2016 年版。

18. [英] 特雷弗·林:《马克思与宗教》,怡思译,载《现代外国哲学社会科学文摘》1983 年第 2 期。

19. [英] 罗兰·博尔:《马克思与宗教》,徐跃勤等译,载《国外理论动态》2009 年第 12 期。

20. [美] 大卫·英格拉姆:《权利与特权——马克思和〈论犹太人问题〉》,李旸等译,载《国外理论动态》2015 年第 11 期。

21. [德] 赫尔穆特·赫希:《能言善辩的马克思:析"率直的反犹太主义"》,胡建等译,载《湖州师专学报》1996 年第 2 期。

22. 李勇:《关于马克思与论犹太人问题的重新解读》,《当代国外马克思主义评论（11）》(中国会议)，2013年12月。

23. 李彬彬：《青年马克思与反犹主义的思想关系新探——重新思考〈论犹太人问题〉与反犹主义的关系》，载《贵州师范大学学报》(社会科学版)2016年第2期。

24. 林进平：《探问〈论犹太人问题〉及其现代性之思》，载《现代哲学》2016年第2期。

25. 何中华：《马克思的犹太人身份与他的哲学建构》，载《山东社会科学》2016年第5期。

26. 贾利民：《论犹太人问题与现代性批判》，载《云南社会科学》2008年第1期。

27. 赵志勇、贾丽民：《马克思"现代性"批判的"现实维度"——以〈论犹太人问题〉为视角》，载《社会科学战线》2009年第4期。

28. 王志军：现代性和钱：《马克思〈论犹太人问题〉的理论旨趣与现实意义》，载《北方论丛》2008年第1期。

29. 黄学胜、邹诗鹏：《犹太人问题何以成为"当代的普遍问题"》，载《现代哲学》2008年第1期。

30. 杨晓平：《马克思现代性批判的先导——读〈论犹太人问题〉》，载《探索》2011年第3期。

31. 刘宇兰：《现代性状况下人的形象——马克思〈论犹太人问题〉研究》，载《社会科学家》2013年第8期。

32. 李永杰：《马克思早期市民社会理论的现代性特质》，载

《福建论坛》(人文社会科学版)2014年第8期。

33. 朱庞正:《试述马克思市民社会理论中的法哲学思想》,载《江苏社会科学》1996年第1期。

34. 陈家琪:《再谈马克思与犹太人问题:宗教、政治与市民社会》,载《社会科学论坛》(学术评论卷)2008年9月。

35. 李彬彬:《货币异化:人的自我异化与相互异化——重估〈论犹太人问题〉在马克思思想历程中的地位》,载《学习与探索》2016年第6期。

36. 李彬彬:《从政治国家批判到市民社会批判——〈论犹太人问题〉与马克思早期的思想转变》,载《贵州师范大学学报》(社会科学版)2016年第6期。

37. 韩立新:《从国家到市民社会——〈论犹太人问题〉和〈《黑格尔法哲学批判》导言〉研究》,载《河北学刊》2016年第5期。

38. 陈浩:《从国家向市民社会的复归——黑格尔哲学视野下的〈论犹太人问题〉》,载《清华大学学报》(哲学社会科学版)2017年第4期。

39. 秦俊:《青年马克思的国家观》,载《哲学世界》2004年第1期。

40. 孙燕:《青年马克思的国家观探析》,载《理论探索》2009年第2期。

41. 刘同舫、陈晓斌:《现代国家的解放限度与历史命运——

马克思〈论犹太人问题〉释义》，载《人文杂志》2016年第1期。

42. 张双利：《马克思论宗教与现代政治——重解马克思的〈论犹太人问题〉》，载《复旦学报》(社会科学版) 2016年第1期。

43. 潘虹旭、张艳涛：《从政治解放到人的解放——基于〈论犹太人问题〉和〈《黑格尔法哲学批判》导言〉的考察》，载《宁夏党校学报》2017年第4期。

44. 张倩红：《从〈论犹太人问题〉看马克思的世界观》，载《世界历史》2004年第6期。

45. 张亚君、杨楹：《论马克思政治解放视域中的"宗教问题"——马克思〈论犹太人问题〉的解读》，载《华侨大学学报(哲学社会科学版)》2008年第4期。

46. 张双利：《再论马克思的扬弃宗教的道路——从"论犹太人问题"谈起》，载《马克思主义与现实》2012年第6期。

47. 林进平：《马克思如何看待宗教批判——基于对〈论犹太人问题〉的解读》，载《马克思主义与现实》2015年第5期。

48. 李淑梅：《人类解放：消除对政治国家、宗教和金钱的崇拜——读马克思的〈论犹太人问题〉》，载《学习与探索》2010年第4期。

49. 侯小丰：《"人类自由何以实现"与马克思人类解放思想的逻辑进路》，载《浙江学刊》2010年第4期。

50. 刘晨光：《马克思自由思想的发展历程》，载《中共中央党校学报》2014年第3期。

51. 聂锦芳:《再论犹太人问题——重提马克思早期思想演变中的一桩"公案"》,载《现代哲学》2013年第6期。

52. 阎孟伟:《完整理解马克思的人的解放理论——马克思〈论犹太人问题〉的再解读》,载《西南大学学报》(社会科学版)2014年第4期。

53. 李彬彬:《人的自我异化及其解放路径——〈论犹太人问题〉的文本学研究》,载《河南理工大学学报》(社会科学版)2016年第2期。

54. 叶向平:《政治解放的进步意义及其阶级局限性——学习马克思〈论犹太人问题〉兼与杨明等同志商榷》,载《福建论坛》(文史哲版)1987年第5期。

55. 王锐生:《马克思人权观的几个疑难问题》,载《哲学动态》1992年第2期。

56. 朱宝信:《人权、公民权与政治解放和人类解放——马克思〈论犹太人问题〉研究》,载《江苏社会科学》1993年第5期。

57. 王志军、刘玉东:《论马克思宗教批判的理论与现实意义》,载《理论探讨》2004年第6期。

58. 张宪:《马克思的宗教批判与当代基督宗教人文主义——兼论宗教异化和异化的消除》,载《现代哲学》2005年第3期。

59. 吴苑华、杨楹:《走向现实的人道主义——对马克思〈论犹太人问题〉"宽容"理念的审视》,载《华侨大学学报》(哲学社会科学版）2006年第2期。

60. 白刚、张荣艳：《马克思宗教批判的双重使命》，载《社会科学研究》2006年第6期。

61. 阎孟伟：《马克思的解放理论及其对我们的启示——兼论当代中国政治文明建设》，载《教学与研究》2006年第12期。

62. 徐长福：《马克思的宗教观及其省思》，载《马克思主义哲学研究》2006年第1期。

63. 阎孟伟：《政治解放与当代中国市场取向的改革——再论当代中国政治文明建设》，载《教学与研究》2008年第1期。

64. 张亚君、杨楹：《论马克思政治解放视域中的"宗教问题"——马克思〈论犹太人问题〉的解读》，载《华侨大学学报》（哲学社会科学版）2008年第4期。

65. 胡兴建：《马克思法律思想的批判指向——以〈论犹太人问题〉为分析对象》，载《北方法学》2008年第5期。

66. 陈宇宙：《马克思对"解放"理论批判本性的科学解释》，载《山西师大学报》（社会科学版）2009年第4期。

67. 赵华灵：《〈论犹太人问题〉的现代性批判思想》，载《天中学刊》2009年第6期。

68. 曾庆豹：《木偶与侏儒——马克思与基督宗教"联手"面对当代资本主义》，载《现代哲学》2011年第1期。

69. 杨晓平：《马克思现代性批判的先导——读〈论犹太人问题〉》，载《探索》2011年第3期。

70. 付子堂：《马克思对现代人权理论的贡献——基于〈论犹太人问题〉的分析》，载《求是学刊》2012年第6期。

71. 吴倬、张良滨：《从政治批判到经济批判——马克思早期宗教批判思想内在逻辑研究》，载《教学与研究》2013年第3期。

72. 胡键：《马克思宗教观批判的逻辑演进》，载《华东师范大学学报》(哲学社会科学版)2018年第3期。

73. 刘汉超：《人的解放：对政治解放的批判——马克思〈论犹太人问题〉释义》，载《晋阳学刊》2018年第3期。

74. 龙群：《马克思在〈论犹太人问题〉中的宗教观阐释》，载《宗教学研究》2018年第4期。

75. 艾四林、柯萌：《"政治国家"为何不能真正实现人的解放——关于〈论犹太人问题〉中马克思与鲍威尔思想分歧再探讨》，载《马克思主义与现实》2018年第5期。

76. 柳博：《马克思哲学新的起程——从《黑格尔法哲学批判》导言〉和〈论犹太人问题〉看马克思思想转变》，载《吉首大学学报》(社会科学版)2019年第3期。

77. 肖宪：《马克思与犹太人》，载《世界历史》1996年第6期。

78. 徐俊忠：《"人权理想国"的解构——马克思"德法年鉴"时期对"人权宣言"的批判》，载《哲学研究》2000年第4期。

79. 张丽君：《〈论犹太人问题〉的社会主义价值》，载《社会主义研究》2007年第2期。

80. 王江涛：《试述马克思对人权的追问——从〈论犹太人问

题〉到〈哥达纲领批判〉》，载《河南工业大学学报》(社会科学版)2011年第1期。

81. 李超群：《经典解释与人权正当性的中国证成——以对马克思〈论犹太人问题〉的解读为例》，载《云南社会科学》2015年第1期。

82. 谢江平：《权利的张力——从〈论犹太人问题〉看马克思的人权观》，载《中共天津市委党校学报》2016年第2期。

83. Aviverl S. "Marx and Jewish Emancipation", *Journal of the History of Ideas*, Vol.03, 1964.

84. David Leopold, "The Yong Karl Marx", *Cambridge: Cambridge University* Press,2007, S.180.

85. Jonathan Sacks, "The Politics of Hope", *London: Jonathan Cape*, 1997, S.98-108.

86. Michael Maidan, "Marx on the Jewish Question: A Meta-Critical Analysis", *Studies in Soviet Thought*, Vol.33, No.1(Jan.1987).

87. Silberner E. "Was Marx an Anti-Semite?" *Historia Judaica*, Vol.11, 1949.

88. T. B. Bottomore, "Karl Marx and the Radical Critique of Judaism", *London*, 1978.

89. William H. Blanchard, "Karl Marx and the Jewish Question", *Political Psychology*, Vol.5, No.3 (Sep. 1984).